COMUNICAÇÃO CORPORATIVA:
A DISPUTA ENTRE A FICÇÃO E A REALIDADE

CB070904

Dados Internacionais de Catalogação na Publicação (CIP)
(Câmara Brasileira do Livro, SP, Brasil)

Egger-Moellwald, Lícia
   Comunicação corporativa: a disputa entre a ficção
e a realidade/Lícia Egger-Moellwald. -- São Paulo:
Cengage Learning, 2023. -- (Série profissional)
Bibliografia.

ISBN 978-85-221-1100-8
1. reimpr. da 1. ed. de 2011.

1. Comportamento humano 2. Comunicação
3. Comunicação nas organizações 4. Meio ambiente
I. Título. II. Série.

10-12529   CDD-658.45

Índice para catálogo sistemático:

1. Comunicação das empresas: Administração   658.45
2. Comunicação organizacional: Administração de empresas 658.45

LÍCIA EGGER–MOELLWALD

COMUNICAÇÃO CORPORATIVA:
A DISPUTA ENTRE A FICÇÃO E A REALIDADE

※ Cengage

Austrália • Brasil • México • Cingapura • Reino Unido • Estados Unidos

Cengage

***Comunicação corporativa:
a disputa entre a ficção
e a realidade***
Lícia Egger–Moellwald

Gerente Editorial:
Patricia La Rosa

Editora de Desenvolvimento:
Noelma Brocanelli

Supervisora de Produção
Editorial:
Fabiana Alencar Albuquerque

Copidesque: Iara Arakaki Ramos

Revisão: Kalima Editores e
Maria Dolores D. Sierra Mata

Diagramação:
Alfredo Carracedo Castillo

Capa: Absoluta Design

© 2011 Cengage Learning Edições Ltda.

Todos os direitos reservados. Nenhuma parte deste livro poderá ser reproduzida, sejam quais forem os meios empregados, sem a permissão, por escrito, da Editora.

Aos infratores aplicam-se as sanções previstas nos artigos 102, 104, 106 e 107 da Lei nº 9.610, de 19 de fevereiro de 1998.

Esta editora empenhou-se em contatar os responsáveis pelos direitos autorais de todas as imagens e de outros materiais utilizados neste livro. Se porventura for constatada a omissão involuntária na identificação de algum deles, dispomo-nos a efetuar, futuramente, os possíveis acertos.

A Editora não se responsabiliza pelo funcionamento dos links contidos neste livro que possam estar suspensos.

Para informações sobre nossos produtos,
entre em contato pelo telefone
+55 11 3665-9900
Para permissão de uso de material
desta obra, envie seu pedido para
direitosautorais@cengage.com

ISBN-13: 978-85-221-1100-8
ISBN-10: 85-221-1100-6

Cengage
WeWork
Rua Cerro Corá, 2175 – Alto da Lapa
São Paulo – SP – CEP 05061-450
Tel.: (11) +55 11 3665-9900

Para suas soluções de curso e
aprendizado, visite **www.cengage.com.br**

Impresso no Brasil.
Printed in Brazil.
1. reimpr. - 2023

Para *Hugo*, meu amigo e companheiro, e para meus filhos *Duncan e Stephanie*, três presenças estimulantes e constantes do início ao fim deste livro.

Sumário

Prefácio ix
Introdução xiii

CAPÍTULO I
Dificuldades no estudo da comunicação
informal nas organizações 1

CAPÍTULO II
O cenário ideal no mundo corporativo 11
- Processos de seleção e a busca pelo funcionário ideal 12
- A imagem corporativa idealizada e o espetáculo 16
- A banalização da missão, visão e valores das empresas 20
- Modelos de qualidade e o ambiente corporativo 22
- Comunicação formal e o sucesso corporativo 26
- O herói executivo 33
- A verdade, o poder e a velocidade do ponto de
  vista da organização 37
- A vivência organizacional 42
- A comunicação informal 45
- As políticas informais 51
- A manutenção da instabilidade 56
- Longas jornadas de trabalho 58

CAPÍTULO III
O PARADOXO DA COMUNICAÇÃO COMO FATOR DE
COMPROMETIMENTO NO DESEMPENHO PROFISSIONAL 63
- O cérebro-corpo na visão atual 71
- O organismo e sua interação com o meio ambiente 74
- Emoções e sentimentos 77
- Comprometimento do processo de decisão 83

CONSIDERAÇÕES FINAIS 91
GLOSSÁRIO 97
REFERÊNCIAS BIBLIOGRÁFICAS 105
BIBLIOGRAFIA.. 111

Prefácio

Em uma época em que as empresas usam cada vez mais as ferramentas da comunicação para estimular o envolvimento de seus funcionários com o trabalho, escrever sobre a Comunicação Corporativa é por si só um risco, na medida em que coloca em destaque e avalia o que vem sendo feito, nesta área, nos últimos anos.

Durante a realização da Tese que fundamentou este livro não foram poucas as vezes em que a ideia de passar em revista o que as empresas vêm fazendo da sua comunicação interna obteve severa resistência.

No entanto, maior do que as dificuldades foi o desejo de refletir se a forma como as empresas se comunicam com seus funcionários não acaba prejudicando seus desempenhos, pondo a perder todo o esforço para melhorar a performance no trabalho e a lucratividade.

Este livro nasceu da vontade de chamar à reflexão empresas e comunicadores sobre aspectos da comunicação que não vêm sendo pensados e talvez, por isso mesmo, estejam contribuindo para criar paradoxos que brutalizam ainda mais a vivência organizacional.

Motivação, criatividade, empenho, flexibilidade e outras tantas competências que são estimuladas por meio da comunicação interna das empresas, competem lado a lado com os jogos de poder e a eventual arrogância dos que estão envolvidos na busca por resultados.

Nas empresas, o lado humano dos acontecimentos e pessoas é usado, muitas vezes, para manipular a comunicação no intuito de auxiliar na administração das necessidades e instabilidades emocionais de seus funcionários.

Assim, não é raro identificar nos discursos das empresas a manipulação da realidade para acomodar ideais que convenham à manutenção e execução de seus projetos.

Não falta para isso o aprimoramento estético da Comunicação Corporativa, que somado à tecnologia da imagem e do som, serve para a produção e a realização de ferramentas de comunicação mais eficientes para fazer real o que é, de modo geral, ficção.

A exploração de histórias de sucessos que servem para concretizar o sonho de realização dos indivíduos no trabalho é usada na comunicação das empresas. Para isso, a Comunicação Corporativa se espelha nas publicações comerciais – jornais, revistas, televisão e internet – a fim de construir e divulgar sonhos que reforçam o discurso empresarial.

A comunicação das empresas como é feita nos últimos anos, seja por desconhecer o funcionamento da emoção humana ou por pura inconsequência, premia a instantaneidade e a superficialidade das ações, ao fazer crer que as suas intenções se identificam e constituem parte do pensamento de cada um dos que trabalham na organização.

O objetivo deste livro é refletir sobre o resultado da percepção das distorções entre o que é informado pela empresa e o que acontece na informalidade dos relacionamentos no trabalho e a possibilidade dos eventos informais desautorizarem ou desacreditarem a voz da empresa.

A possibilidade da constatação de que a Comunicação Corporativa, nos moldes em que se sustenta hoje, corrói estruturas saudáveis e inviabiliza projetos em longo prazo, por si só, é de grande valia para essa reflexão.

Introdução

A leitura de publicações de algumas empresas e de revistas destinadas ao mercado corporativo disponíveis para o público levam a crer que a existência humana e o trabalho atingiram seu maior paradoxo neste início de século. Em momento algum da história, homens e mulheres foram, coletivamente, tão instigados a trabalhar e produzir no limite de suas forças pela eventualidade de receber, como recompensa, o direito de pertencer ao que, neste livro, é chamado de Olimpo Organizacional.

Mesmo o desejo mais simples, como o de manter uma vida pessoal ou familiar, é contaminado pelo colorido das revistas executivas e da própria comunicação formal corporativa que obriga o empregado a ter sonhos mais complexos. Hoje, riquezas e prazeres estão associados ao trabalho, na medida em que as pessoas veem-se levadas a exteriorizar gostos por meio de bens materiais, que dão, ao exercício de suas funções profissionais, outros objetivos e necessidades além da sobrevivência.

Cada vez mais, para a carreira executiva, não basta ter um diploma, ser produtivo, motivado e trabalhador. De acordo com as revistas e com a comunicação corporativa, uma carreira de sucesso pressupõe a ascensão a um posto de comando com destaque na mídia comercial e uma vida profissional cheia de poderes, grandes viagens e encontros internacionais. Um bom emprego e a sobrevivência a todos os desafios que fazem parte da vida dentro de uma empresa já não são demonstrativos de sucesso. O ideal é o de transformar-se em um ser superdotado.

No cotidiano, as publicações que versam sobre o mundo profissional dão grande importância para os executivos que aparecem como responsáveis por grandes feitos, que decidem sobre enormes somas de dinheiro e realizam transações espetaculares. Como se o normal e o aceitável estivessem concentrados apenas nessa versão de sucesso.

Assim, as vontades da empresa encontram sustentação para se sobrepor às dos funcionários, independente das exigências serem ou não ajustadas à capacidade e à disponibilidade de cada um. O que é divulgado como característica do mercado globalizado serve, mais do que nunca, como guia para o comportamento no trabalho e faz que a comunicação corporativa seja estruturada para levar seus funcionários a crer que a vida na empresa, mesmo com sacrifícios, é o destino dos vencedores.

Contudo, apesar dos esforços das instituições para dar credibilidade às suas ações sabe-se, por meio de pesquisa (TANURE et al., 2007), que boa parte dos executivos tem baixa estima em relação à empresa na qual trabalha e se queixa da falta de reconhecimento e da ausência de motivação.

Inexplicavelmente, mesmo as sofisticadas ferramentas de comunicação utilizadas pelas empresas não são suficientes para atingir a correspondência ou aderência, permanente, entre a ação comunicativa e o objetivo pretendido.

Nesse cenário, a comunicação informal, que questiona e coloca sob suspeita as ações corporativas, age para estimular emoções de raiva, tristeza e desânimo, acompanhadas de demonstrações de comportamento que, do ponto de vista deste livro, desencadeiam paradoxos, com consequências importantes no desempenho humano no trabalho.

A reflexão sobre as consequências das comunicações formal e informal, e os paradoxos criados por essas duas formas de comunicação são os pontos centrais deste livro. Da qual nasce a proposta para uma reavaliação das posturas sobre o que é formalizado pelas organizações, no sentido de minimizar os impactos físicos causados nos seus colaboradores, pelas contradições entre a ficção comunicacional e a realidade corporativa.

A análise para este debate se apoiou em fontes documentais e bibliográficas para facilitar a compreensão do tema proposto. Os recursos para o desenvolvimento do conteúdo desta obra incluíram consultas a artigos, livros, sites e revistas executivas.

O primeiro capítulo, "Dificuldades no estudo da comunicação informal nas organizações", aborda a falta de preocupação das empresas em pensar e revisar o papel efetivo da comunicação formal e da sua construção.

O segundo capítulo, "O cenário ideal no mundo corporativo", trata do mundo executivo e seus instrumentos na simulação do sucesso e da perfeição para obter o máximo resultado do desempenho e da produtividade dos funcionários. Nele fica claro como as revistas especializadas, as empresas e as consultorias encarregadas dos processos de seleção trabalham para levar seus usuários a acreditar no cenário ideal e servir aos planos da empresa. Para atender a esse objetivo, foram pesquisados autores como Foucault, Baudrillard, Debord, Trivinho, entre outros.

O terceiro capítulo, "O paradoxo como fator de comprometimento no desempenho profissional", reflete sobre o comportamento humano, a partir do paradoxo que se estabelece entre a comunicação formal e informal, bem como as manifestações do corpo que transparecem nos empregados, contrariando os esforços planejados pela empresa. Para auxiliar na construção desse capítulo, foram consultados os autores Antônio Damásio, Alain Berthoz e Christine Greiner.

A fim de facilitar o entendimento do assunto proposto, é necessário que se determinem os significados de alguns termos utilizados. Dessa forma, corporação, instituição e organização são considerados conjunto de pessoas que apresentam alguma afinidade profissional, de ideias etc., organizadas em uma associação e sujeitas ao mesmo estatuto ou regulamento. Os termos: indivíduo, sujeito, funcionário e executivo dizem respeito a uma pessoa contratada pela empresa para desempenhar determinado trabalho. No terceiro capítulo, a palavra organismo é usada também para designar o ser humano.

Capítulo I

Dificuldades no estudo da comunicação informal nas organizações

Para se adapatar às mudança do cenário econômico global e aos mercados trabalhando em ritmo de pleno esforço, as empresas têm sido levadas a buscar melhorias contínuas, não só relacionadas aos produtos, mas, também, às pessoas que, de alguma forma, estão ligadas à construção desse processo.

O esforço das organizações está, cada vez mais, voltado para o desempenho de seus funcionários nas atividades de construção da marca e da imagem de seus produtos e serviços, tornando inviável a possibilidade de qualquer descompasso humano nas atuações ligadas ao trabalho.

Assim, qualquer empresa que apresente sinais de irregularidade ou desarmonia, em relação ao que é esperado pelo mercado, tende a ser penalizada com a perda de sua lucratividade. Da mesma forma, as que recebem aprovação de seus públicos acabam favorecidas pela velocidade com que os mercados e consumidores se comunicam.

As respostas do público para a atuação das organizações, sejam elas boas ou más, são praticamente simultâneas, graças a novas tecnologias de informação. Um exemplo emblemático do comportamento dos mercados, diante da exposição de uma determinada empresa, foi a sequência de fatos ocorridos depois da queda do voo 1907, da companhia aérea Gol, em outubro de 2006.

Um jato executivo da marca Legacy, fabricado pela empresa brasileira Embraer, invadiu o espaço aéreo destinado a um Boeing 737/800, chocando-se contra a "barriga" deste. Depois da colisão, o avião Boeing teve sua fuselagem comprometida, o que levou à queda da aeronave, bem como à morte das pessoas que estavam a bordo.

Ao contrário do esperado, o jato executivo manteve-se em voo, aterrissando em segurança, 30 minutos após a colisão. A notícia sobre as consequências do acidente teve repercussão mundial e imediata. Posteriormente ao dia do acidente, as ações da companhia fabricante do jato tiveram grande alta no mercado de ações da Bolsa de Valores, passando a empresa a ser considerada, naquele momento, referência na área de construção de aeronaves do modelo envolvido na colisão.

> O fato de ter sobrevivido a uma colisão com um Boeing 737/800 pode ter transformado o jatinho Legacy, da Embraer, numa lenda da aviação mundial. O número de empresários dispostos a pagar US$ 24,7 milhões pelo avião brasileiro aparentemente cresceu após a tragédia da última sexta. A Folha Online apurou que a Embraer recebia no máximo três consultas por mês de pessoas físicas interessadas no Legacy. Somente nesta semana já foram pelo menos nove consultas. Mesmo sob uma onda de especulações sobre as possíveis causas do acidente – entre outras, a de que a tragédia

pode ter sido causada por uma falha em um equipamento no jato –, desde segunda-feira, as ações da Embraer valorizaram 3,2% na Bolsa de Valores de São Paulo. (*Folha Online*, 2006)

Da mesma forma, na crise global desencadeada em 2008 a repercussão em todos os setores da economia mundial foi incrivelmente veloz e determinou em pouco tempo uma situação de contenção e ajuste global com consequências impensáveis.

Fica claro, que a partir do momento em que uma informação é disponibilizada na internet, por meio de blogs, Twitter, sites noticiosos e e-mail, ou na televisão e nos celulares, a instantaneidade correrá contra ou a favor da empresa ou país em questão, dependendo naturalmente do evento.

As empresas, cientes da volatilidade de opiniões às quais se expõem, buscam minimizar os riscos de divergências entre o que pensam os consumidores e a sua atuação. Nesse processo inclui-se, necessariamente, a percepção dos funcionários com tudo o que os mantêm ligados à empresa – do reconhecimento material pelo seu desempenho sob a forma de salário, bonificações e benefícios, às demonstrações, que insinuem o interesse da empresa em estreitar seu relacionamento com os empregados (programas de motivação, incentivos e mordomias) efetivados pelos departamentos de Recursos Humanos e veiculados pela Comunicação Formal da organização.

Desse modo, são investidas grandes somas de dinheiro em ferramentas de comunicação que funcionam para divulgar, de maneira clara e precisa, a voz da empresa. A variedade de recursos disponíveis para efetivar esse objetivo permite que se escolha aquele que mais se adeque à necessidade e ao impacto que se deseja criar. Para essa finalidade são usadas as reuniões de integração, treinamentos, vídeo institucional, boletim, mural, intranet, televisão corporativa e outros eventos e publicações.

O aprendizado a respeito da importância de manter meios de comunicação eficientes, somados às novas tecnologias de informação, dá a possibilidade de as empresas ampliarem seu raio de interferência e influência na vida de seus empregados. Isso é feito de tal forma que muitos destes não conseguem estabelecer a diferença entre a vida pessoal e a profissional.

Não são fatos isolados empregados que têm o tempo de descanso ou férias interrompidos por solicitações da empresa. A obrigatoriedade do cumprimento das leis para o descanso dos trabalhadores não combina com as exigências do mercado. Para contornar essa situação, as empresas buscam mecanismos que burlem essas leis por meio das novas tecnologias de informação, (e-mails e celulares) que permitem utilizar os serviços do funcionário com intensidade jamais vista.

Casos de executivos que relatam ter dificuldades para separar, no seu dia a dia, o lado profissional da vida familiar tornaram-se rotineiros; em casos extremos, à dedicação chega a ser praticamente exclusiva à organização. Isso é de tal monta, que tanto a família como a empresa não distinguem na atuação do indivíduo nenhum dos lados e acabam contribuindo para a construção de um cenário de abuso e paranoia.

Nesse contexto, o esforço de comunicação implantado pelas empresas não prevê a eventualidade de ter seus objetivos atenuados, ou até colocados em risco, pela possibilidade de discrepância entre o que é programado para funcionar como a voz da organização e a informalidade no trabalho.

Neste livro, a informalidade da comunicação que acontece nos encontros casuais entre os empregados, por exemplo, na "hora do cafezinho", ou no horário de saída da empresa, tende a ser terreno fértil para manifestações e comportamentos que podem não estar alinhados com os objetivos da corporação. Nesses momentos, a indignação é passível de ser compartilhada e os novos projetos recebem as críticas que não podem ser públicas. O sigilo é quebrado, uma vez que está preservado pelas sombras da informalidade.

Para a maioria das organizações, a impossibilidade de controle sobre a percepção individual dos empregados a respeito do que é comunicado formalmente leva à diminuição do interesse em avaliar o que não é fácil de ser pesquisável, os paradoxos da comunicação organizacional.

Mesmo as novas técnicas de controle que possibilitam a medição do desempenho das instituições, em diversos setores de sua administração, como o BSC ou *Balanced Scorecard* (veja o Glossário), que poderiam medir o impacto da comunicação formal, resultando no aprendizado sobre a percepção dos empregados, não são utilizadas.

De modo geral, a eficiência da comunicação é medida por meio de levantamentos sem vinculação efetiva com a realidade. Boa parte das empresas se utiliza de pesquisas como as de Clima Organizacional ou Pesquisas de Engajamento para incluir duas ou três perguntas sobre a efetividade da comunicação da empresa e obter, assim, um retrato sobre o que pensam os funcionários. Mas em nenhum momento se questionam a respeito das distorções e dos paradoxos que fazem parte do cotidiano.

Mesmo as pesquisas de grande porte, que apuram o perfil dos executivos, em sua maioria não levam em consideração a possibilidade de inconsistência nas respostas. Além disso, explicam as possíveis distorções com a mudança de foco para as interpretações que beneficiem o resultado.

No que se refere aos questionamentos sobre a eficiência da comunicação formal e informal no desempenho dos funcionários, é comum, às empresas, fazer o mesmo percurso das revistas e satisfazer seus interesses sobre a percepção dos empregados de forma superficial, permitindo que os paradoxos da comunicação se mantenham latentes e desinteressantes.

A comunicação interna formal, de acordo com os manuais de comunicação corporativa e o que é ensinado nas universidades, tem como função a integração dos objetivos da empresa com os anseios dos funcionários. Já a comunicação informal é entendida apenas como um fator que precisa ser levado em conta por causa de seu poder de submeter a empresa a desequilíbrios em situações específicas, como boatos e crises.

Entender a comunicação informal como fonte de distúrbio no empregado não parece, até o momento, fazer parte do rol de interesses das empresas. A ausência de critérios sistêmicos para avaliar o peso da subjetividade na comunicação organizacional impede uma abordagem clara sobre a intensidade, extensão e comprometimento das ações individuais que nascem na informalidade.

O pensamento geral é de que as questões associadas à percepção do indivíduo são funções da psicologia e, portanto, fazem parte dos domínios dos Recursos Humanos e não do campo da comunicação. Contrário a isso, este livro entende que as atitudes e os comportamentos do empregado são determinantes nos resultados da empresa e são, também, a soma das distorções entre a comunicação formal e informal, e a causa de instabilidade nos resultados da empresa.

A dificuldade de compreender e avaliar as questões subjetivas da comunicação informal leva boa parte dos gestores e comunicadores a entender satisfação e motivação como quesitos compráveis com jantares, prêmios ou salário.

Muitos acreditam que só a manutenção de vínculos com a identidade da empresa, conseguidos por meio de relacionamentos construídos a longo prazo, fidelizam o empregado. Os que mudam de emprego em troca de um pequeno aumento salarial têm baixo apego corporativo e, portanto, são fáceis de seduzir.

Essa visão simplificada facilita a gestão da comunicação, uma vez que entende os empregados com percepções de mundo fáceis de serem manipuladas e que respondem sem questionamento ao que é proposto pela empresa. Como em um filme ou programa de televisão em que os heróis são cumpridores das expectativas da empresa, e os vilões, seres desmotivados e perturbadores da ordem.

É interessante notar que, dentro desse raciocínio, não se considera uma das características mais importantes da globalização da economia e do livre-comércio, que é justamente a instabilidade do trabalho, muitas vezes entendida como fator essencial para o sucesso profissional, como afirma Sennett:

> Como se podem [sic] buscar objetivos de longo prazo numa sociedade de curto prazo? Como se podem [sic] manter relações

sociais duráveis? Como pode um ser humano desenvolver uma narrativa de identidade e história de vida numa sociedade composta por episódios e fragmentos? As condições da nova economia alimentam, ao contrário, a experiência com a deriva do tempo, de lugar em lugar, de emprego em emprego. (SENNETT, 2001, p. 27)

A flexibilidade para as mudanças, a tolerância para a instabilidade dos empregos e desapego pelo tempo de trabalho são considerados fatores importantes para o sucesso, uma vez que capacita o profissional para trabalhar em situações diferentes.

A entrega do funcionário à identidade corporativa deve ser pensada dissociadamente da capacidade desta de promover a estabilidade e permanência no emprego é um fator irrelevante na avaliação da dedicação de um empregado. Porque não se pode crer que ações de comunicação, mesmo que muito bem planejadas e estruturadas, deem conta de se sobrepor a essa realidade.

Além disso, é preciso lembrar que, muitas vezes, carreiras consideradas exemplos de sucesso acontecem por caminhos que seriam pouco prováveis se houvesse a entrega total do funcionário à identidade de uma só empresa. Para muitas organizações, colaboradores que mudaram várias vezes de empresas merecem aplausos pela coragem e determinação em busca de um ideal profissional.

A instabilidade que marca a vida das corporações e a dificuldade na manutenção do emprego dão provas de que o apego irrestrito às regras das instituições não fornece a certeza de retribuição. É sabido por todos os que atuam no mercado de trabalho que não existe nada que garanta a permanência de um indivíduo no emprego, uma vez que estamos todos à mercê dos acontecimentos e das ocilações do mercado. Para Bauman,

> Em sua versão presente, os direitos humanos não trazem consigo a aquisição do direito a um emprego, por mais que bem desempenhado, ou – de modo geral – o direito ao cuidado e à consideração por causa de méritos passados. Meio de vida, posição social, reconhecimento da utilidade e merecimento da autoestima podem todos desvanecer-se simultaneamente da noite para o dia sem se perceber. (BAUMAN, 1999, p. 35)

Não é difícil avaliar, pela literatura voltada à gestão de pessoas e pelas revistas do mercado executivo, que a Comunicação Corporativa formal é compreendida como suficiente para dar conta das discrepâncias e estranhezas que são fruto das manifestações individuais dos funcionários. Essa vertente de pensamento talvez seja responsável pelo desinteresse em conhecer o impacto da comunicação formal na informalidade das relações humanas nas empresas.

Mas se o funcionário for entendido como parte de um grupo ao qual soma suas percepções e manifestações, somos levados a crer que o desconhecimento do potencial dos paradoxos o deixa livre para comprometer tanto o resultado da produção como o dos serviços, e dificulta que a empresa atinja o máximo potencial na sua atuação.

Considerando que o paradoxo da comunicação na organização apresenta-se como uma realidade, o empenho em buscar as possíveis respostas para essa constatação é um convite a que se reflita concretamente sobre o tema e se considerem válidas todas as evidências que possam iluminar o tema proposto.

Capítulo II

O cenário ideal
no mundo corporativo

O aperfeiçoamento das tecnologias de informação, associado à imposição global por melhoria constante, tem levado empresas e pessoas a acreditar que é possível atingir um padrão perfeito de atuação profissional.

Nessa busca, o aprimoramento do desempenho no trabalho é construído e alimentado por meio de referências entendidas como globalizadas, capazes de servir como guias para funcionários e empresas, com a promessa de habilitar a competição nesse novo ambiente.

Para dar conta dessas exigências, as organizações tendem a impingir um referencial de competências e de trabalho a seus funcionários que, muitas vezes, ultrapassa suas reais necessidades. As diretrizes de capacitação e comportamento, ditas imprescindíveis para atender os mercados globalizados, vêm transformando o trabalho em um projeto que exige, além do conhecimento formal, performances individuais de caráter cinematográficos.

Processos de seleção e a busca pelo funcionário ideal

A formação de um cenário, no qual atuam empresas e pessoas com qualificações e atributos considerados acima da normalidade, leva a crer que o planejamento para a construção desse ambiente onírico teve início na midiatização dos processos de seleção daqueles que serão escolhidos para compor o quadro de funcionários das empresas.

Para isso, o conhecimento formal não é entendido como a única referência na seleção de funcionários. Porque sem o acompanhamento de um excelente repertório de competências serão poucas as chances do candidato somar grandes benefícios para a instituição.

A disposição para valorizar o conhecimento formal apenas quando acompanhado de um grande número de habilidades conduz as empresas a empregar processos de seleção extremados, tanto pela duração – que chega, às vezes, a mais de oito meses testando um candidato – quanto pelas propostas. Ser aceito para trabalhar em uma grande empresa é, mais do que nunca, um processo de superação pessoal e de grande demonstração de inúmeras competências.

Assim, atributos como discernimento, comprometimento, equilíbrio emocional, inteligência de mercado, liderança, iniciativa, coragem, criatividade, flexibilidade, capacidade para trabalhar em equipe, visão global, foco nos resultados e no cliente, entre outros, passaram a fazer parte de um conjunto de exigências para atuar nas organizações no mundo contemporâneo.

Se as exigências forem acompanhadas de rigor e critério, teoricamente, a escolha deve levar ao empregado ideal. Naturalmente, as cotas e o peso para cada uma das competências e do currículo formal do candidato devem levar em consideração o cargo em questão e suas demandas, em um casamento que procura alcançar, depois da contratação, um resultado excelente.

Para os cargos de liderança, o *know-how* de um executivo, de acordo com consultores internacionais, é testado diversas vezes, e os atributos pessoais devem ser somados a, pelo menos, oito competências essenciais para o desempenho de suas funções.

1. Capacidade para mudar o negócio sempre que o mercado exigir.
2. Identificar mudanças externas, detectar tendências em um mundo complexo, para colocar a empresa na ofensiva.
3. Integrar funcionários para tomar decisões melhores e mais rápidas.
4. Avaliar pessoas. Como selecionar e formar outros líderes para a empresa.
5. Moldar equipes. Conseguir que subordinados altamente qualificados e com ego enorme trabalhem em perfeita harmonia.
6. Estabelecer objetivos. Determinar o conjunto de metas que equilibram o que a empresa pode vir a ser com o que ela pode alcançar de modo realista.
7. Fixar prioridades. Definir um caminho e alinhar recursos, ações e energia para realizar os objetivos.
8. Enfrentar forças externas. Prever e reagir às pressões sociais fora de seu controle, mas que podem afetar a empresa. (*Época Negócios*, 2007)

A seleção por competências não prevê a profundidade do conhecimento; ao contrário, pessoas com conhecimentos generalistas, segundo esses critérios, têm mais condições de se sair bem diante das exigências do dia a dia em uma empresa globalizada.

A percepção para os detalhes, nesse caso, não é vista como diferencial positivo, uma vez que tende a reduzir a velocidade de resposta, dispender energia que poderia ser utilizada em outros trabalhos e, eventualmente, demandar uma soma desnecessária de dinheiro em confabulações.

Nas organizações contemporâneas, a admissão de um funcionário é, cada vez mais, caracterizada por uma lógica que não cede espaço para irregularidades de comportamento ou atuações descompassadas. Ultimamente, a preferência é manter empregadas pessoas que foram arduamente testadas e que estão, comprovadamente, dispostas a se adequar aos objetivos da empresa, sejam eles quais forem.

A busca pelo funcionário ideal vem transformando o mundo corporativo em um exemplo de exigências e excentricidades. Em alguns países, esses processos tornaram-se experiências audaciosas que envolveram da escalada ao Monte Fuji,

> A japonesa ImageNet, varejista on-line de roupas, promoveu uma etapa de seu processo seletivo para novos funcionários no topo do Monte Fuji, a 3,7 mil metros de altitude. Dos 20 candidatos a quatro vagas, 11 conseguiram escalar a montanha para participar da entrevista de emprego com executivos. Os demais foram desclassificados. (*IstoÉ Dinheiro*, 2005)

a participações em *reality shows*, como *Absolute Challenge*

Após passar por uma seleção no Brasil e de vencer seus dois últimos concorrentes na China, Marcio Roberto de Lucca foi o vencedor do *reality show Absolute Challenge*, que escolheu o novo executivo de marketing da ZTE Brazil. [...] Durante o programa, os candidatos realizaram tarefas em Wangfujing, tradicional rua de Pequim. Os candidatos brasileiros, que fizeram performances engraçadas e mostraram samba no pé, tiveram que vender petiscos ou bebidas tradicionais chinesas, além de elaborar estratégias para a venda na rua. O *reality show* é um programa sobre a competição do mercado de trabalho. Os participantes disputam uma oportunidade de trabalho em uma empresa bem conceituada do mercado chinês. Para ganhar essa vaga, o candidato passa por diversas tarefas que avaliam sua capacidade como profissional. O *Absolute Challenge* é considerado um programa líder entre os demais, com conteúdo de entretenimento *new business* no país e, desde seu lançamento, vem aumentando sua popularidade e audiência, além de atrair a atenção de grandes empresas e candidatos a oportunidades de trabalho. (*Canal Executivo*, 2005)

e *Venda seu peixe* (programa de televisão transmitido pelo canal ManagemenTV da televisão paga, no qual são exibidos o recrutamento e a seleção de pessoas).

Processos seletivos de natureza excêntrica estão se tornando referências da mudança de comportamento das organizações em relação às prioridades na contratação de funcionários. Ao transformar a dificuldade dos candidatos em um grande espetáculo, todas as corporações acabam beneficiadas, uma vez que encontram justificativa para o recrudescimento dos seus próprios processos de recrutamento.

Na contratação de funcionários, o departamento de Recursos Humanos e as empresas de seleção veem-se obrigados a propor desafios, cada vez mais originais, e a ampliar as dificuldades, no sentido de conseguirem pessoas que atinjam padrões de excelência, muitas vezes, como foi mencionado anteriormente, desnecessários para a demanda do cargo em questão, mas que atendem aos sonhos de perfeição.

"DNA da Marca", um artigo emblemático, publicado na revista *Você S/A* de 2005, anunciava os novos tempos ao mencionar a semelhança entre os executivos e marcas famosas:

> Na verdade, somos marcas multimídias, gerando impacto o dia todo. Temos um DNA de marca, um *equity* como as marcas famosas, geramos lembranças e tudo o mais. Alguns de nós somos considerados marcas líderes em seus segmentos, outros marcas talibãs, marcas de segundo ou terceiro time. Uns vão acabar naquele velho balaio de calçada, do tipo leve três pague dois que a gente conhece bem, irão perder a validade e entrar num tipo de liquidação qualquer. (*Você S/A*, 2005)

A imagem corporativa idealizada e o espetáculo

A construção da imagem do executivo como uma marca e os processos de seleção transformados em grandes shows modificam o imaginário das pessoas sobre o ingresso no mundo corporativo, como se fosse um lugar exclusivamente destinado a deuses e heróis que, depois de arduamente testados, recebem como recompensa a ascensão ao Olimpo, tratamento de astros do cinema e a divulgação de sua imagem.

A espetacularização das exigências na seleção atenua a angústia da própria sociedade em relação ao excesso de mão de obra e à incapacidade para atender a demanda. Ao mesmo tempo, o programa veiculado pela mídia fragiliza a figura do perdedor, ao amplificar as incompetências e coroar as vitórias, o que lembra o hábito romano, citado pelo poeta Juvenal, do "pão e circo".

O mundo empresarial midiatizado, contaminado pelo devaneio, transforma-se em palco da atuação de empresas e empregados em insensata combinação de super-heróis e vilões, fruto do que Debord considera a essência da sociedade real:

> O espetáculo é ao mesmo tempo o resultado e o projeto do modo de produção existente. Não é suplemento do mundo real, uma decoração que lhe é apresentada. É o âmago do irrealismo da sociedade real. Sob todas as suas formas particulares de informação ou propaganda, publicidade ou consumo direto de divertimentos, o espetáculo constitui o modelo atual da vida dominante na sociedade. É a afirmação onipresente da escolha já feita na produção, e o consumo que decorre desta escolha. (Debord, 2002, p. 14-5)

Dessa forma, as questões que envolvem a contratação de um funcionário e a manutenção da sua produtividade e eficiência passam a ser determinadas por critérios tão ou mais severos que os de seleção. Uma vez contratado, a gestão de pessoas passa a trabalhar como um fiscal para pendências humanas de qualquer natureza que possam, de alguma forma, atrapalhar o projeto de idealizar o cotidiano.

Inseguranças, medos, vozes dissonantes, pensamentos em desacordo com o que foi traçado pela empresa e questionamentos desnecessários são, quando recorrentes, transformados em questões pontuais e tratados como falhas do departamento de RH nos critérios de escolha ou inadequação do colaborador em específico.

Para o processo de integração dos funcionários, desenvolve-se uma sequência de ações planejadas para despertar no indivíduo a sensação de que, depois da batalha para ser admitido, em um mundo de seres especiais, é necessário a partir de então absorver e incorporar todos os preceitos da corporação.

A construção do ideal organizacional, cujo primeiro passo é dado pela gincana dos processos seletivos, passa a ser permeada e mantida junto ao corpo da empresa, mediante maciços investimentos na área da comunicação formal. Entende-se por comunicação formal todo o esforço da organização para facilitar o fluxo das informações por meio de boletim institucional, jornal institucional, revista institucional, jornal mural, publicação especial, vídeo institucional, gestão do conhecimento (*knowledge management*) e treinamento de pessoas, *hot sites*, salas de imprensa virtuais, campanhas de e-mail e *mail marketing*, campanhas de *marketing* viral, sistemas de mensagens e conteúdos para receptores sem fio (SMS, MMS), sistemas de mensagens on-line (*messenger*), *podcastings*, blogs corporativos, portal corporativo, *newsletter* digital, intranet, e internet que é gerado pelo organismo corporativo.

Para Tupã Gomes Corrêa (1995, p. 93), essa comunicação é a que se baseia na estrutura organizacional propriamente dita, de onde emana a criação de um modelo formal de comunicações escritas e orais. Já, para Torquato, é o que assegura a ordem, a eficiência:

> Os canais formais são os instrumentos oficiais, pelos quais passam tanto as informações descendentes como as ascendentes e que visam a assegurar o funcionamento ordenado e eficiente da empresa (normas, relatórios, instruções, portarias, sugestões, reclamações etc.). (TORQUATO, 1986, p. 63)

A empresa oficializa suas expectativas em relação ao comportamento e desempenho dos funcionários, fazendo uso das mídias citadas, de acordo com o que considera mais eficaz no momento, para buscar aderência aos seus planos de atuação.

Assim, a imagem corporativa que nasce de processos seletivos altamente competitivos e idealizados, passa a ser metodicamente alimentada pela comunicação formal, com a intenção de fazer crer que a empresa é constituída por uma reunião de pessoas com atributos especiais e que resulta, unicamente, em histórias de sucesso. Com essa finalidade, é preciso que a organização alimente e mantenha na comunicação formal a veiculação de ideias vencedoras, do estímulo, da motivação e do desempenho acima dos patamares da normalidade.

Nesse processo, as empresas não estão sozinhas, a constante divulgação do triunfo profissional pela mídia voltada para o público executivo, somada ao desejo de vencer das pessoas, faz que as imagens relacionadas com o trabalho nas grande empresas estejam vinculadas a altos salários, inúmeras competências, inteligências diferenciadas e, naturalmente, ao sucesso.

Os veículos de comunicação voltados para a área de negócios no Brasil, como *IstoÉ Dinheiro*, *Exame*, *Você S/A*, *IstoÉ*, *Vencer*, *Gestão & Negócios*, *Carta Capital* e outros, colaboram para construir a imagem de executivos e de empresas que estão muito além da capacidade da maioria dos seus leitores e dos trabalhadores brasileiros.

A partir dessas imagens, que têm como base um conjunto de fatores que envolvem os ideais da globalização, o imaginário dos executivos, os objetivos das empresas que trabalham com recrutamento e os complexos interesses das mídias especializadas, é que se consolida o simulacro da realidade empresarial e gera o que Baudrillard (1991, p. 105) chama de encenação da comunicação.

Não importa se a imagem é ou não real, aliás é melhor que não seja, uma vez que a realidade se submete aos deslizes humanos e não ignora os erros. A ficção das páginas das revistas e das histórias transportadas e adaptadas para a vivência das empresas é sempre bem-vinda.

A banalização da missão, visão e valores das empresas

Nas escolas de administração e comunicação do país, mais especificamente nas matérias voltadas para o relacionamento entre as empresas e seu público, ensina-se que um dos primeiros passos da Comunicação Corporativa e da gestão de

Recursos Humanos deve ser a preocupação em constituir e divulgar a missão, a visão e os valores da empresa.

A missão, a visão e os valores são considerados um propósito formalizado por meio da comunicação formal e ao qual todos os que pertencem ao corpo da empresa devem aderir sem restrições. Para amplificar a sua competência, a maioria das empresas, deixa clara a preocupação quase científica na organização das palavras, de forma que estimule nos leitores a sensação de liderança, otimismo e eficiência, tendo já, como pressuposto, o sucesso.

Os princípios que devem determinar o comportamento da corporação seguem uma ordem lógica, a qual é respeitada por grande número de empresas. Em primeiro lugar, deve constar a preocupação com os clientes; depois, com os produtos; em terceiro, com os funcionários; e, em quarto, com os acionistas. O meio ambiente e a responsabilidade social podem, eventualmente, aparecer entre o segundo e o terceiro lugares. No entanto, é interessante notar que apesar de, geralmente, não estar posicionada em primeiro lugar, a preocupação das corporações é invariavelmente centrada no reflexo de seu desempenho em relação aos acionistas. O que por si só já se constitui em um paradoxo da comunicação.

Com um olhar mais atento é de se supor que as empresas que se utilizam dessa lógica acreditam que os funcionários não se dão conta das eventuais distorções entre o que é oficializado e a realidade, e que missão, visão e valores devem ser um bordão poético, criado para atender aquilo que deve ser apresentado ao mercado.

Nesse sentido, a necessidade de transformar a experiência organizacional em um conjunto de ideais para ser divulgado e compartilhado tende à ausência de originalidade que, via de regra, transparece na composição das palavras, na sequência dos assuntos, na evidente relevância estética e na precária valorização dos fatos.

Buscar nessa tríade (missão, visão e valores) ideais diferenciados ou propostas originais levaria à uma extensa lista de decepções, uma vez que a constituição do primeiro processo formal de comunicação das empresas tem geralmente, como preocupação, apenas o estilo.

Por fim, o modelo de empregado ideal aliado à comunicação planejada, cujo objetivo é divulgar o ambiente corporativo como um lugar de pessoas e acontecimentos especiais, determina um processo disfarçado de controle do desempenho e da produtividade dos funcionários, o que é extremamente útil para as empresas nos mercados globalizados. Sem as qualificações compatíveis é impossível a manutenção do emprego, visto que as falhas e descompassos deste, em teoria, são rapidamente evidenciados.

Modelos de qualidade e o ambiente corporativo

Diante da necessidade de atuação nos mercados globais altamente competitivos, as empresas têm investido tempo e dinheiro para melhorar seus processos de produção e desempenho, independente do lugar do mundo no qual se encontram. Atualmente, a concorrência, considerada planetária, força o acompanhamento dos avanços e eventos mundiais 24 horas por dia, e exige grande flexibilidade das empresas que pretendem se estabelecer nesses mercados. Colaboraram para isso, as empresas transnacionais como é o caso das japonesas Toyota e Sony, e das coreanas Samsung e Hyundai com seus modelos de qualidade e gestão, os quais hoje estão implantados em, praticamente, todas as ações de produção e manufatura das grandes empresas.

A competição de característica global tem forçado mudanças extremas no comportamento dos executivos e age como força orientadora no estabelecimento de padrões de atuação no trabalho, sem se importar com a essência ou a cultura de determinado povo, onde se localiza a subsidiária. A absorção de modelos considerados próprios do primeiro mundo implica questões importantes, como sugere Barbero, sobre o que vem se delineando, por exemplo, na América Latina:

[...] Sobrecarregada tanto pelos processos de transnacionalização quanto pela emergência de sujeitos sociais e identidades culturais novas, a comunicação está se convertendo num espaço estratégico a partir do qual se podem pensar os bloqueios e as contradições que dinamizam essas sociedades-encruzilhada, a meio caminho entre um subdesenvolvimento acelerado e uma modernização compulsiva. (BARBERO, 1997, p. 272)

O mesmo processo é sentido na Índia e naturalmente na China, onde os empregados são levados a deixar de lado suas culturas, pelo menos no ambiente de trabalho, e adotar posturas e lógicas consideradas globais e de primeiro mundo.

Assim, os princípios adotados para a melhoria de qualidade e aprimoramento dos métodos de trabalho nas empresas, tais como TPM ou Total Productive Maintence, Seis Sigma, 5S, Just-in-time ("no tempo certo"), *Kaizen* ("melhoria contínua"), *Jidoka* ("autodetecção") e outras centenas de filosofias voltadas para o aperfeiçoamento humano e da produção, moduladas em referências internacionais, não só contribuem para o nivelamento global da cadeia produtiva, mas também credita a ideia de que o sucesso está na perfeição. O conceito de zero defeito,[1] permeado também no desempenho dos executivos, patrocina essa certeza de que o homem, além de desempenhar vários papéis na sociedade e no trabalho, é passível de livrar-se das imperfeições.

Nesse processo, pessoas que, além do trabalho formal, desempenham outras atividades são vistas como especiais.

Não são poucos os exemplos de executivos considerados em destaque que somam aos seus currículos inúmeras atividades fora do seu raio de atuação na organização. Presidentes de clubes e associações, colaboradores em instituições de ensino, professores e outras tantas atividades que bem ou mal comprovam a possibilidade de uma mesma pessoa, mesmo hiperocupada, manipular o tempo de tal forma que lhe permita exercer outras funções.

A previsibilidade, a habilidade para desempenhar vários papéis e o controle do tempo, implícitos nessas filosofias de

---

[1] "O último movimento importante dentro da 'garantia da qualidade' originou-se na Martin Company, entre os anos de 1961 e 1962. Compromissados em atingir as metas estabelecidas junto ao governo dos EUA para a entrega de mísseis com zero defeito, ou seja, um míssil perfeito. A empresa, por meio de estudos, estabeleceu que uma das grandes causas da falta de qualidade era devido à falta de atenção dos que estavam envolvidos no processo produtivo. A mobilização dos empregados em atingir o índice de zero defeito foi um sucesso absoluto passando, então, a fazer parte dos programas de qualidade". (UFSC)

trabalho, favorecem a certeza de que as insuficiências humanas podem e devem ser combatidas apesar das dificuldades.

Dessa forma, a ordem e a disciplina, mesmo que disfarçadas, passam a ser questão essencial na motivação do corpo da empresa. Qualquer tipo de desobediência ou atitude que fuja aos padrões estabelecidos pelas políticas de excelência e qualidade serão práticas a serem expurgadas. Segundo Bauman, elas separam o mundo entre um grupo, para o qual a ordem ideal é construída e aceita, e outro, considerado o dos inadaptáveis e incontroláveis:

> Todas as visões de ordem artificial são por necessidade (nas suas consequências práticas, senão sempre de antemão em seu projeto) inerentemente assimétricas e com isso dicotomizadoras. Elas dividem o mundo humano num grupo para o qual deve ser erigida a ordem ideal e em outro que entra no quadro e na estratégia apenas como resistência a ser superada – os inadaptáveis, os incontroláveis, os incongruentes e ambivalentes. Esse Outro, nascido da "operação da ordem e da harmonia", resíduo do esforço classificatório, é jogado do outro lado desse universo de obrigação que une os de dentro do grupo e reconhece seu direito a serem tratados como detentores de direitos morais. (BAUMAN, 1999, p. 46-7)

As políticas corporativas que ajudam os funcionários a superar suas dificuldades de adaptação, determinações sobre as regras de comportamento e atuação tornam-se oficiais por meio dos recursos utilizados pela comunicação formal, que transformam o sonho do ideal corporativo, pelo menos na formalidade, em uma realidade.

Quando uma empresa, por meio de um canal de comunicação interna, propõe "Precisamos do esforço de cada um de vocês para bater nossas metas", "Nosso sucesso é o produto da nossa capacidade de união" ou "Nossos esforços vão permitir que todos aqui presentes sairão ganhando", não está apenas estimulando seus empregados a trabalhar em conjunto, está fazendo exigências e angariando promessas individuais de cada um deles, seja ele leitor ou ouvinte.

Comunicação formal e o sucesso corporativo

A comunicação formal, como é realizada nos dias de hoje nas empresas, se utiliza das técnicas de produção voltadas para as mídias do grande público (televisão, cinema, rádio e revistas) para efetivar seus objetivos. Assim, os vídeos institucionais são encomendados às grandes agências de propaganda, com roteiros e produção meticulosamente estudados para maximizar os resultados desejados. Além disso, televisões corporativas têm sua programação elaborada por equipes especializadas em entretenimento para a grande mídia e programas de identidade visual são contratados por empresas de grande porte do setor e avaliados em milhares de dólares.

Todas as ferramentas de comunicação utilizadas pela empresa, além de trabalhar para que a informação flua, têm o objetivo de fazer que os empregados sintam-se participantes de todos os passos da organização. Ameaças, estímulos e cumprimentos veiculados de forma competente colaboram também para dar forma final à realidade idealizada e implicam por parte da empresa o compromisso de reconhecimento e sucesso para os que seguirem o que foi estipulado.

Qualquer comunicado sobre alterações do que foi estabelecido e acordado anteriormente, e que podem causar incomodos na vida pessoal dos funcionários, tais como pedidos de compreensão para promessas que não poderão ser cumpridas, é veiculado com cautela a fim de reduzir o impacto negativo da informação. Independente da má notícia, o que se espera dos empregados é a compreensão e a continuidade da dedicação à empresa.

A disposição para eliminar qualquer desajuste na recepção da mensagem é concluída por palavras que lembrem e estimulem formalmente as respostas adequadas. Comunicados delicados que terminam com: "Esperamos a colaboração de cada um dos funcionários", "Neste momento a compreensão de todos se faz necessária" ou "Contamos com a compreensão e a colaboração dos colegas" são códigos para induzir comportamentos que se espera sejam seguidos.

Além disso, ao Planejamento da Comunicação Interna são incorporadas ações que servem para criar a sensação de pertencimento e proximidade. Cafés com o Presidente, Blogs do Presidente, Reuniões de Motivação, Festas de Confraternização e Ouvidorias estão entre as atividades utilizadas pelas empresas com essa finalidade.

A participação ativa da liderança permitindo-se ouvir presencialmente a opinião dos empregados durante os Cafés com o Presidente, as mensagens postadas no "Blog do Presidente" com formatos que se aproximam a um bate-papo entre colegas ou as demonstrações de intimidade como abraços e cumprimentos cordiais em eventos são manifestações oficiais da importância que a gestão dá a cada funcionário.

Presidentes que cantam, dançam, fazem mágica, contam piadinhas e se emocionam em eventos, promovem simpatia, motivam e demonstram o lado humano que todos esperam ver. Ao se aproximar dos colaboradores mantém-se a crença de que "apesar dos pesares" a vivência executiva ainda é cheia de episódios humanos e de momentos enternecedores.

Um exemplo de estilo de gestão aplaudido foi o de Ray Young, presidente da GM no Brasil, que inaugurou uma forma de relacionamento com os empregados, pouco provável para a empresa na época:

> Um novo "estilo" vem sacudindo a maior montadora do país: o "estilo Ray Young", presidente da General Motors do Brasil. Ray assumiu a presidência da montadora em janeiro de 2004 e, desde então, vem conquistando novos adeptos à sua filosofia de trabalho. E não só isso! Além de todo o seu profissionalismo e dedicação, um dos diferenciais de Ray Young é justamente o seu lado participativo: dança, toca guitarra e se veste com roupas típicas nos eventos da GM; visita setores da fábrica e conversa frente a frente com os funcionários; cultiva o hábito de uma vez por mês tomar café da manhã com dez pessoas da linha de montagem. *(Revista Carro)*

Por meio de esforços como estes, as empresas esperam evitar e conter os desvios de comportamento ou manifestações que não privilegiem os seus interesses. Em comparação, as atuações dos empregados que não estejam de acordo com o esperado transformam-se em exemplos para todos os que, eventualmente, insistam em pertencer à categoria dos incontroláveis, inadaptáveis ou incongruentes.

Um caso de desvio de comportamento, punido exemplarmente e exposto na mídia, foi o de Augusto Marques Cruz Filho, executivo que dividiu a presidência do Grupo Pão de Açúcar com o controlador Abílio Diniz, em São Paulo. Depois de 11 anos na organização, Augusto foi afastado da presidência da maior rede varejista do país porque não obedeceu às regras da corporação (CRUZ; RAMIRO; CUNHA, 2005). A revista responsável pela publicação da informação na época mostrava que a "alegação de 'razões de foro íntimo'" era uma desculpa para esconder os verdadeiros motivos da saída do executivo. Segundo a revista, Cruz teria sido demitido porque passou a consultar demais o Grupo Casino antes de tomar suas decisões, distanciando-se do chefe. Segundo um informante da revista, Abílio não gosta de gente desobediente e por isso despediu o executivo.

A uniformização dos objetivos, a manutenção da ordem e o controle sobre todos os aspectos humanos do cotidiano permitem a tranquilidade necessária para viver a realidade construída pela empresa. Assim, opiniões e comportamentos contrários ao que é oficializado e que sinalizem a possibilidade de servir como fonte de distúrbios capazes de provocar o caos são imediatamente rechaçados.

Em entrevista informal,[2] uma executiva do departamento de Recursos Humanos de uma multinacional francesa do

---

[2] Entrevista realizada em 23 ago. 2007.

ramo têxtil no Brasil, e que não quis ser identificada, deixou clara a disposição da organização de se livrar dos funcionários que não respondem adequadamente aos seus investimentos: "A seleção é dura. Nós procuramos pessoas com nove competências. Mas se o departamento errar na seleção, azar. Tempos depois, a gente põe para fora".

Assim, a ideia do sucesso como recompensa não encontra oposição, pois o fracasso ou a incapacidade para lidar com determinados fatos do trabalho são excluídos da "realidade" do dia a dia. Para a empresa e funcionários, o ambiente ideal formalizado na comunicação corporativa oferece a garantia de que todo esforço e dedicação tem uma razão compensatória.

Duvidar oficialmente da veracidade do que é informado pela empresa não é demonstração de inteligência ou de habilidade para sobreviver no ambiente corporativo, logo a empresa se sente liberada para moldar a verdade como lhe convém,

Dessa forma, a manutenção e o controle da enorme massa de informação gerada na empresa são feitos por meio do que pode ser chamado de genocídio empresarial, uma forma de impedir os desvios de comportamento e de opiniões, que não são compatíveis com o esperado e que possam comprometer a verdade imposta pela empresa.

Bauman, em seus escritos sobre o genocídio moderno, pode ser utilizado para explicar o comportamento das empresas no que diz respeito aos desvios corporativos:

> O genocídio moderno não é uma explosão incontrolada de paixões e quase nunca um ato irracional. É, ao contrário, um exercício de engenharia social racional, de produção por meios artificiais da

homogeneidade livre da ambivalência que a realidade social opaca e confusa não conseguiu produzir. (BAUMAN, 1999, p. 46)

Ao assumir a perfeição corporativa como realidade, a empresa sugere de forma subliminar que tudo e todos que se opõem a essa ideia devem ser considerados proscritos.

Realidades construídas não são poucas, entre elas a de que todos os que participam dela transformem em passado o que foi vital em determinado momento e exige não só a adaptação para os novos processos e doutrinas, como também a perda da memória. Segundo Baumam essa é a única possibilidade de sobreviver aos novos tempos:

> Essa é a identidade que se ajusta ao mundo em que esquecer é um bem não menos, se não mais, importante do que a arte de memorizar, em que esquecer mais do que aprender é a condição de contínua adaptação, em que sempre novas coisas e pessoas entram e saem sem muita ou qualquer finalidade do campo de visão da inalterada câmara da atenção, e em que a própria memória é como uma fita de vídeo, sempre pronta para ser apagada a fim de receber novas imagens, e alardeando uma garantia por toda a vida exclusivamente graças a essa admirável perícia de uma incessante auto-obliteração. (BAUMAN, 1997, p. 36-7)

A perda da memória é a única saída para a construção de uma agenda positiva no imaginário dos que interagem nas organizações. Assim, qualquer evento de caráter negativo com potencial para causar danos à imagem de perfeição, já nasce, pelo menos para a Comunicação Formal, presuposto a cair no esquecimento.

Alguns exemplos da necessária perda de memória, comum no dia a dia das empresas, são: a) na convenção anual a empresa apresentou bons resultados, é vice-líder em *marketshare*, mas ninguém pode lembrar que cinco anos antes o presidente havia garantido que, neste ano, a empresa alcançaria a liderança de mercado; b) na reunião de aprovação do orçamento anual, a direção se comprometeu a investir 5 milhões de dólares em pesquisa e desenvolvimento no próximo ano, porém, os resultados só permitiram investir a metade e vários projetos tiveram que ser postergados ou cancelados; c) o departamento de Recursos Humanos coloca no seu orçamento uma importante verba para um *upgrade* da frota de carros dos seus executivos e o que de fato acontece é apenas a compra de um carro novo para a presidência.

Não resta dúvida de que informações dessa natureza deverão cair no esquecimento formal, uma vez que qualquer exigência sobre coerência entre o prometido e o de fato alcançado seria tremendamente incômoda para a organização.

Desta forma, a convicção de que o sucesso profissional só pode ser alcançado por meio de longas jornadas de trabalho, de convívio familiar comprometido e de uma pressão insuportável, sem qualquer lembrança às eventuais punições na vida pessoal, é fundamental para que os empregados justifiquem para si o fato de a empresa colocá-los em situações de abuso e grande estresse.

Alimentado pela comunicação formal, o sucesso faz par com o desejo ancestral de controle sobre as incoerências e instabilidades da vida humana, o que dificulta, ainda mais, a capacidade de reflexão ou a não adesão aos própositos impostos pela empresa.

Assim, a eventualidade de um resultado que não seja o sucesso não pode ser considerada, porque certamente invalidaria o empenho desejado pelas organizações. Para Gaspar:

> A obsessão por atingir metas pessoais e superar desafios aparentemente intransponíveis pode resultar numa brutal decepção – no fim das contas, a vida profissional pode terminar em frangalhos, assim como as relações com a família. Isso para não falar na saúde. "As pessoas pensam que estão administrando bem suas carreiras, mas estão tão obcecadas com o trabalho que ignoram qualquer sinal de alerta". (GASPAR, 2007)

A consciência da possibilidade do fracasso, da inaptidão, da incoerência ou da inconsistência, tornaria frágil o processo da comunicação formal como é feita, e a apologia ao sucesso e da perfeição corporativa não passariam impunes no julgamento dos funcionários.

Portanto, a comunicação formal, como a mídia comercial, não se preocupa em estar, necessariamente, ligada plenamente à realidade, uma vez que oferece o que, inconscientemente, todos esperam: uma visão triunfalista do mundo corporativo.

O herói executivo

A imagem do executivo bem-sucedido, apesar das dificuldades do cotidiano – pressão, afrouxamento dos laços familiares e pouco tempo para a vida pessoal –, é estimulada pela empresa e pela mídia, como fator necessário para se alcançar o sucesso profissional. Da mesma forma, o esforço para fazer a diferença e melhorar a vida das pessoas na empresa é entendido como uma missão que soma a figura do herói,[3] a qual, segundo Käes, legitima o orgulho pelo trabalho:

> Uma instituição não pode viver sem elaborar um ou mais mitos unificadores, sem instituir ritos de iniciação, de passagem e de realização, sem atribuir heróis tutelares (tomados muitas vezes entre seus fundadores reais ou entre os fundadores imaginários da instituição), sem contar e/ou inventar uma história que permanecerá na memória coletiva; mitos, ritos, heróis, sagas, cuja função é sedimentar a ação dos membros da instituição, servir-lhes de sistema de legitimação e dar, assim, sentido às suas práticas e às suas vidas. A instituição pode então se oferecer como objeto ideal a ser interiorizado, que dá vida, ao qual todos devem manifestar a sua lealdade, e até mesmo se sacrificar. Ela apresenta exigências e obriga a todos a se moverem pelo orgulho do trabalho a realizar: verdadeira missão de vocação salvadora. (KÄES, 1991, p. 78)

Aceitar trabalhos em horários impróprios ou em excesso e que exigem enormes sacrifícios pessoais como "algo sagrado"

---

[3] "Em vez de resmungar pelo tempo perdido e ansiar pela aposentadoria, o executivo brasileiro se vê como uma espécie de herói corporativo, cujo sacrifício vale tanto mais a pena, quanto maiores forem os desafios que se apresentem. 'É como se eles anulassem o que há de ruim no cotidiano, e só passasse a valer o lado heroico da profissão', afirma Daina Ruttul, diretora nacional da Ipsos Marplan". (GASPAR, 2007, p. 160).

e irrecusável, é visto como etapa necessária para o triunfo profissional. Este comportamento que anestesia a percepção da realidade é alimentado por rituais e estímulos variados (premiações por competência, bônus por metas atingidas, recorde de vendas, promoções de cargo, reconhecimento público, ou pedidos de maior engajamento em discursos eloquentes dos presidentes).

Esse processo de comunicação formal, aliado ao que é veiculado nas revistas executivas, lança um véu poético sobre realidades que de outra forma seriam sórdidas. Porém, nesse contexto o exagero passa insuspeito, uma vez que a figura do herói contra todas as adversidades tem como destino certo o Olimpo corporativo.

Todas as dificuldades a que estão expostos os executivos no dia a dia têm, como fio condutor, o ideal de ser o melhor, o que justifica e enobrece os excessos. Dessa maneira, nada oferece resistência a essa forma de articulação do que Negri chama de Biopoder (veja o Glossário), que invade e arrebata o que existe de mais íntimo nos indivíduos que constituem a sociedade. Não se trata mais de simplesmente disciplinar o funcionário para o trabalho, mas de torná-lo totalmente vulnerável às rédeas da realidade colorida pelo sucesso:

> A disciplinaridade fixou os indivíduos dentro das instituições, mas não teve êxito em consumi-los completamente no ritmo das práticas produtivas e da socialização produtiva; não chegou a permear inteiramente a consciência e o corpo dos indivíduos, ao ponto de tratá-los e organizá-los na totalidade de suas atividades. Na sociedade disciplinar, portanto, a relação entre o poder e

o indivíduo permaneceu estável: a invasão disciplinar de poder correspondeu à resistência do indivíduo. Em contraste com isso, quando o poder se torna inteiramente biopolítico, todo o corpo social é abarcado pela máquina do poder e desenvolvido nas suas virtualidades. Essa relação é aberta, qualitativa e expressiva. A sociedade, agrupada dentro de um poder que vai até os gânglios da estrutura social e seus processos de desenvolvimento, reage como um só corpo. O poder é, dessa forma, expresso como um controle que se estende pelas profundezas da consciência e dos corpos da população – e ao mesmo tempo por meio da totalidade das relações sociais. (NEGRI, 2001, p. 43-4)

Para esses executivos contemporâneos, o discurso sobre a importância da busca pela qualidade de vida dos empregados que estão no raio de suas ações e a possibilidade, mesmo imaginada, de aumentar a lucratividade da empresa são fatores de motivação e justificativa para a persistência no esforço independente da exigência do distanciamento das relações familiares, ausência de tempo para si ou qualquer outra privação.

Só a consideração de que os propósitos da empresa são maiores e que poucos são os merecedores das recompensas no final do processo é suficiente para levar o executivo a sonhar em ter sua história retratada na mídia, como reconhecimento pela sua devoção. Fazer parte dessa galeria de heróis é o maior prêmio ao que pode aspirar um funcionário, em qualquer etapa da carreira. Mesmo nos momentos de grande dificuldade, segundo Müller, a fantasia do herói serve como consolo e justifica a persistência:

O herói nos fascina tanto porque pura e simplesmente ele personifica o desejo e a figura ideal do ser humano. Ele defende a nossa causa e por isso nos identificamos com ele. Reencontramo-nos nos seus medos e sofrimentos, nos seus combates, vitórias e derrotas, na sua luta pela sobrevivência. Ele é o nosso consolo nos tempos difíceis e nos dá esperanças de que, apesar de tudo podemos conseguir algo, de que não estamos entregues a um destino cego, ainda que tudo pareça em vão. Ele nos serve de modelo. Quase sempre mostra-nos virtudes e valores humanos mais maduros como, por exemplo, a coragem civil e o desinteressado engajamento social e, dessa maneira, cumpre uma tarefa social muito importante. Nossa identificação com ele encoraja-nos a conservar esses valores, mesmo quando não vemos mais esperanças e preferiríamos nos resignar. (MÜLLER, 1987, p. 8)

A verdade, o poder e a velocidade do ponto de vista da organização

Todos os programas voltados para melhoria contínua, políticas de qualidade, desenvolvimento de competências e competitividade global dão razão para qualquer sacrifício profissional. Assim, os fatos organizacionais deixam de ter uma trajetória própria e são modelados para expressar aquilo que a empresa deseja que seja considerado verdadeiro. Modelar a verdade, segundo Foucault, é próprio de cada sociedade:

A verdade é deste mundo; ela é produzida nele graças a múltiplas coerções e nele produz efeitos regulamentados de poder. Cada sociedade tem seu regime de verdade, sua "política geral" de verdade: isto é, os tipos de discurso que ela escolhe e faz funcionar como verdadeiros; os mecanismos e as instâncias que permitem distinguir os enunciados verdadeiros dos falsos, a maneira como se sanciona uns e outros, as técnicas e os procedimentos que são valorizados para a obtenção da verdade; o estatuto daqueles que têm o encargo de dizer o que funciona como verdadeiro. (FOUCAULT, 2004, p. 12)

Dessa forma, o desejo, a persistência e o poder são materializados por meio dos presidentes e transformam em realidade o discurso da luta e da perfeição, dando à estes, quando no Olimpo, o direito supremo de falar em nome do grupo e de estabelecer as suas diretrizes na história da organização.

O sucesso dá a seu portador a condição necessária para combater as diferenças de comportamento, de opiniões, e exorcizar os fracassos. Porque o herói fala como porta-voz da realidade corporativa de um grupo, e é dele que emanam os exemplos e os direitos conquistados por uma vida de lutas, o que segundo Bourdieu é próprio da essência do poder:

O porta-voz dotado de pleno poder de falar e de agir em nome do grupo e, em primeiro lugar, sobre o grupo pela magia da palavra de ordem, é o substituto do grupo que somente por esta procuração existe; personificação de uma pessoa fictícia, de uma ficção social, ele faz sair do estado de indivíduos separados os que ele pretende representar, permitindo-lhes agir e falar, através dele, como um só homem. Em contrapartida, ele recebe o direito de assumir pelo grupo, de falar e de agir como se fosse o grupo feito de um só homem. (BOURDIEU, 2002, p. 158)

O presidente da empresa automobilística Renault-Nissan, Carlos Ghosn, conhecido como "máquina movida à razão" e considerado por muitos um herói, cujas capacidade e pertinência nas escolhas e decisões não costumam ser contestadas, foi acusado em 2006 de três casos de suicídio entre os funcionários.

Entre as possíveis causas dos suicídios estavam a enorme pressão a que os funcionários se submetiam para cumprir as metas da montadora.

"A pressão é muitas vezes insuportável", conta um ex-executivo da Renault. "Todos trabalham no limite". No início deste ano, o clima de tensão chegou ao extremo quando vieram à tona três casos de suicídio dentro da montadora francesa em apenas quatro meses – um deles envolvendo um técnico às vésperas de ser promovido. Um relatório divulgado pela Confederação Geral de Trabalho da França aponta como causa possível (embora não única) a enorme pressão que os funcionários vêm sofrendo desde o início da reestruturação. Segundo o sindicato, há uma cobrança cada vez maior na empresa para se produzir mais, com mais qualidade e a custos mais baixos. Ghosn criou uma comissão para avaliar as causas dos suicídios, mas reiterou que não voltará atrás em seu plano de ajustes da companhia. (GASPAR, 2007, p. 29-30)

O poder fornece, por si, a competência para legislar sobre o destino dos funcionários e associa-se à velocidade e às exigências da produtividade para responsabilizar alguma de suas ações: "Os franceses não estão habituados a trabalhar em um ritmo frenético, eles ainda não digeriram a ideia de globalização"

(GASPAR, 2007). Com vista a tornar real a fantasia e manter obscura a realidade sobre a condição humana, a violência da velocidade passa incólume sob os olhares da contemporaneidade. Para Trivinho,

> [...] a velocidade é, incomparavelmente, a forma atual mais sutil de violência da técnica. Ela é a via pela qual esta (violência) se impõe e se enraíza com maior eficiência, sem, no entanto, deixar-se apreender como tal. Em outros termos, a violência da velocidade não se apresenta como violência. Não por outro motivo, pertence a categoria dos fenômenos invisíveis. Docemente bárbara, como todo refinado apanágio do poder, ela se manifesta por seus efeitos [a exemplo do inconsciente, que não está em parte alguma (dentro e fora do sujeito) e, não obstante, age (e o determina)]. Abundantemente estetizada por abstrações culturais (como a linguagem verbal e toda variedade de imagens), enquadra-se no patamar mais decantado e sofisticado das formas de violência simbólica (isto é violência imaterial, não física, levada a cabo, em geral, pela instrumentalização de signos, sem o concurso de agressões corporais diretas). (TRIVINHO, 2002, p. 260)

A velocidade se alia ao roteiro para o sucesso, ao mesmo tempo que traduz o desejo da própria sociedade de que tudo é possível. Desse modo, o grande desafio da comunicação corporativa e da mídia comercial é tornar essa mistura em uma realidade que seja palatável. Para Foucault (2004, p. 14), "a verdade está circularmente ligada a sistemas de poder, que a produzem e apoiam, e a efeitos destes que ela induz e que a reproduzem como 'regime' da verdade".

Para a constituição dessa realidade, empresas e mídias valem-se da necessidade coletiva de uma narrativa grandiosa que sirva para atenuar os medos e anseios de seu público. Mesmo que as histórias extrapolem, vez ou outra, o bom-senso, desde que mantenham o fascínio e uma possibilidade de credibilidade, devem ser consideradas aceitáveis. Para Kofman,

> A grande maioria das organizações parece operar com base na ocultação e fingindo que aquilo que está acontecendo não é o que na realidade está acontecendo. Para sobreviver nesse tipo de cultura, você precisa fingir que essas contradições não existem, o que torna impossível discuti-las ou modificá-las. (KOFMAN, 2004, p. 137)

Com o objetivo de verificar se o código de conduta da Renault-Nissan era compatível com o discurso do seu presidente, foi feita uma consulta ao site internacional da empresa. Na ocasião, na página dedicada à política de Recursos Humanos, a postagem de uma única pesquisa realizada pela empresa em 2004,[4] sobre a percepção dos seus empregados, desperta atenção pela sua obsolescência.

Surgiram dúvidas sobre os motivos que levaram uma empresa, que prega a importância de perseguir as exigências da globalização e da velocidade, a manter como referência dados

---

[4] "95% dos empregados têm orgulho de suas empresas; mais de 80% dos empregados estão satisfeitos com o conteúdo de seu trabalho, com a organização de sua rotina e com a atmosfera no trabalho; quase 90% dos empregados estão satisfeitos com sua vida profissional e com sua empresa; 78% dos empregados sentem que a atmosfera em sua empresa é boa." (Renault) (tradução livre)

de 2004, sem a necessária atualização. Isso leva a crer que a divulgação de números atuais pode ser menos interessante do que a daqueles disponíveis para consulta. O que colabora para a opinião deste livro acerca da realidade construída.

A vivência organizacional

A veiculação da "normalidade" é manejada de modo que ordene os eventos corporativos não só para moldar uma realidade, mas também para manter a ordem dentro da empresa.

Nesse ponto, a vivência organizacional utiliza artifícios para tornar fatos e ideias que se referem a determinada realidade compreensíveis. Com o intuito de moldar, encobrir ou justificar a realidade para as pessoas, permitem a todo corpo da organização dizer uma coisa e fazer outra, ou seja, apresentar-se como algo que não são.

Com relação à Renault, se por acaso um internauta curioso escrevesse à empresa questionando a falta de atualização do site, receberia como resposta uma explicação provavelmente razoável e que atenderia as necessidades de moldar a realidade para aquele determinado momento, algo como: "Nossa empresa, que atende aos mais cobiçados índices de satisfação, não só dos nossos clientes como de todos os públicos a que responde, agradece a sua enorme colaboração, em um quesito de real importância para toda a comunidade que se interessa por nossa empresa.", e o episódio seria dado como encerrado tanto para um como para outro.

Tanto os modelos sobre-humanos como as histórias e respostas das empresas veículadas pela comunicação corporativa e pelas mídias especializadas possibilitam o que pode ser chamado de universo paralelo, e convivem sutilmente com a realidade.

Esse poder de adaptar a realidade aos modelos contemporâneos de executivos e empresas impossibilita a sobrevivência do que não for hiper-realizado, hipermotivado, hiperprodutivo ou hiper-rentável, mesmo que nenhum destes conceitos sejam verdadeiros. A normalidade não é mais suficiente para dar conta da possibilidade de sucesso. Assim, a vida executiva no cotidiano tem sua realidade deslocada e é vivida em duas vertentes: a do real e a do imaginário.

Isso acontece de tal forma que grande parte dos executivos é acometida pela "Síndrome de Alexandre" (SEGALLA, 2007, p. 57), referência ao imperador macedônio, conhecido por suas conquistas espetaculares. Essa síndrome traduz a necessidade pessoal e compulsiva de obter uma sequência interminável de conquistas. Nesses casos, não há limites na busca pela sensação de poder e do sentimento de grandes realizações que são próprios do herói.

Na realidade, as possibilidades humanas são ineficazes diante das exigências globalizadas e dos metamodelos gerenciais que não dão abertura para a mediocridade. A normalidade, nesse processo, é vista como expressão máxima da insuficiência e, para os que não se superam, só resta o castigo de fracassar em alcançar o panteão corporativo.

Dessa forma, empresas e executivos precisam que a realidade seja constantemente maquiada, adaptada e midiaticamente modificada para se tornar factível. O medíocre da condição humana deve ser suplantado pelo imaginário que, livre de suas insuficiências, possibilita a crença nos modelos de sucesso.

Está, portanto, ao alcance de todos os funcionários a possibilidade do sucesso e vir a ter a sua história contada na mídia e veiculada tanto no âmbito da comunicação formal da empresa, por meio de ações como "prêmio de melhor funcionário", "melhor sugestão", "melhor atendimento" etc., bem como da mídia comercial com aparições em revistas executivas ou programas de entrevistas.

São os atores-executivos, indivíduos que, por suas aparições, tornam real um sonho e mantêm crível o modelo de executivo-midiático. Isso é feito de tal forma que, segundo Sodré, o sujeito torna-se apenas um simulacro da realidade:

> [...] o sujeito humano "veste-se" semioticamente de televisão – isto é, incorpora o código televisivo, passando a reger-se por suas regras quanto a aparência, atitudes, opiniões. [...] Por isso, o próprio indivíduo é susceptível de converter-se em realidade midiática. Núcleo de tecnointerações várias, ele torna-se imagem e médium (análogo ao *self-medium* da realidade virtual) e inventa-se, por uma espécie de imersão virtual na esfera significativa, das regras do código de visibilidade pública vigente no momento, tornando-se boa "cara de vitrine". Imagem pública como infere, não é a representação tecnicamente audiovisual (retrato, filme, etc.) de um referente humano, mas um simulacro verossímil ou crível. É a realidade tecnocultural de uma aparência, de uma sombra. (SODRÉ, 2002, p. 37)

A realidade idealizada convive mal com seus contrários, como comportamento inapropriado, desonestidade, imperícia, incompetência, agressividade, falta de ética, improdutividade etc., atitudes que são aceitas como passíveis de acontecer apenas nas relações que ocorrem na informalidade.

A imperfeição humana e da organizacão só podem ser consideradas na formalidade quando os fatos passam a agir de forma contrária aos interesses da empresa. Assim, o mesmo evento, sob o olhar da comunicação formal, é ajustado de acordo com a necessidade de resposta da organização a seu público. Exemplos são os deslizes que acontecem, muitas vezes, com o conhecimento do alto escalão, mas são formalizados como casos isolados de ganância, imprudência ou de desajuste, os quais logo são punidos com o afastamento dos culpados. Em dadas circunstâncias, a organização repudia as faltas e se coloca como defensora e guardiã das virtudes do seu corpo de funcionáros e naturalmente dos seus valores.

Dessa forma, a tensão entre formal e informal é essencial para fazer crer no equilíbrio e na saúde corporativa e construir a crença em uma empresa com "zero defeito", a qual transforma os deslizes em exemplos, em uma demonstração de ética organizacional.

A comunicação informal

A comunicação informal apesar de reconhecida, não é fonte de preocupação das empresas em períodos de normalidade. Como não pode ser prevista e planejada, só recebe atenção nas situações de crises que possam apresentar um grande apelo para as mídias, tais como: acidentes, corrupção, desvios de caráter, nas quais o controle da imagem da instituição se apresenta fragilizado.

Na normalidade, o livre fluxo da comunicação informal favorece a velocidade de disseminação da informação, deixando espaço para interferências pessoais e opiniões que, em geral, são excluídas das redes formais da empresa e que, portanto, estão fora de seu controle. É interessante notar que a força da informalidade, mesmo reconhecida, em época de estabilidade corporativa, raramente é considerada nos levantamentos formais da administração.

No entanto, no caso de uma crise que pode abalar sua imagem, a empresa transforma e formaliza o conteúdo da informação para coibir, com as ferramentas da comunicação formal, os efeitos perturbadores do determinado acontecimento. Dessa maneira, o processo passa a ser monitorado e midiatizado pela empresa como gerenciamento de contingência. Ou seja, a comunicação informal sai da clandestinidade e passa a ser trabalhada formalmente. Exemplos estão constantemente na mídia, empresas que cometem qualquer tipo de transgressão se retratam por meio dos seus porta-vozes e prometem que o motivo do deslize e os culpados, além de procurados, serão punidos exemplarmente.

Dessa forma, qualquer falha que possa perturbar ou colocar em risco a galeria de sucessos e a imagem de correção, mesmo diante de fatos desabonadores reais, é imediatamente, dentro do possível, invalidada pela voz da formalidade. A comunicação formal das empresas age como polícia na detecção e contenção dos excessos nascidos na informalidade que possam depreciar a atuação da organização.

Nesses casos, ao trabalhar para desacreditar as vozes da informalidade, a empresa mantém represadas as pressões contrárias aos seus interesses e conserva intacta a imagem corporativa idealizada. À comunicação informal resta tentar, continuamente, levar à realidade, de modo geral, sem sucesso, os deslizes e divergências empresariais.

As comunicações formal e informal encenam a eterna luta entre o bem e o mal. A força da formalidade tenta impedir que as opiniões e interpretações individuais, sobre os eventos do cotidiano, surtam efeito contrário às aspirações da administração e a informalidade fazendo crer que têm competência de mudar o rumo dos acontecimentos. Segundo Sodré, isso se constitui na própria essência da comunicação:

> Apesar de todos os esforços para modelar a comunicação para torná-la ajustada aos olhos do receptor, sua vinculação, entretanto, é muito mais do que um simples processo interativo, porque pressupõe inserção social do sujeito desde a dimensão imaginária (imagens latentes e manifestas) até a liberação frente às orientações práticas de conduta, isto é, os valores. Isso torna a questão comunicacional política e cientificamente maior do que a que se constitui exclusivamente a partir da esfera midiática. (SODRÉ, 2002, p. 223-4)

É na informalidade que o funcionário se distancia dos interesses da coletividade e pode se permitir deixar transparecer sua opinião e a sua verdadeira identidade. As intenções, projeções, memórias e outras facetas do empregado só podem existir, em plenitude, nessa realidade. Quando formalizada, a atuação de cada um sofre o impacto das necessidades e expectativas dos cargos que compõem a empresa. Logo, ninguém pode aparentar aborrecimento, descontentamento ou infelicidade em relação a organização na formalidade; estes sentimentos transparecem apenas nos relacionamentos informais.

A emoção encontra na informalidade um portal de abrangentes possibilidades comunicacionais. Nela, é permitida, por exemplo, a liberdade de expressão sobre qualquer aspecto negativo do mundo corporativo.

Assim, trocas emocionais intensas, questionamentos e discordâncias com relação aos acontecimentos e pessoas pertencentes ao ambiente de trabalho encontram vazão nas ações e canais de comunicação originados pela informalidade: no café compartilhado com colegas, nas refeições realizadas fora da empresa e em outras situações em que as pessoas se sintam livres e protegidas da vigilância formal.

Nesse espaço, o olhar, os gestos, as posturas e imposturas do corpo e da fala e o próprio silêncio tornam-se fontes importantes de informação. Segundo Thompson, é na comunicação face a face que as pessoas se permitem expor a uma multiplicidade de informações que servem para referendar suas intenções de comunicação e diminuir eventuais ambiguidades:

> A interação face a face acontece num contexto de copresença; os participantes estão imediatamente presentes e partilham um mesmo sistema referencial de espaço e de tempo. Por isso, eles podem usar expressões denotativas ("aqui", "agora", "este", "aquele", etc.) e presumir que são entendidos. As interações face a face têm também um caráter dialógico, no sentido de que geralmente implicam ida e volta no fluxo de informação e comu-

nicação; os receptores podem responder (pelo menos em princípio) aos produtores, e estes são também receptores de mensagens que lhe são endereçadas pelos receptores de seus comentários. Uma outra característica da interação face a face é que os participantes normalmente empregam uma multiplicidade de deixas simbólicas para transmitir mensagens e interpretar as que cada um recebe do outro. As palavras podem vir acompanhadas de piscadelas e gestos, franzimento de sobrancelhas e sorrisos, mudanças de entonação e assim por diante. Os participantes de uma interação face a face são constantemente e rotineiramente instados a comparar as várias deixas simbólicas e a usá-las para reduzir a ambiguidade e clarificar a compreensão da mensagem. (THOMPSON, 1998, p. 78)

Nesse ponto, é necessário lembrar que a informalidade não restringe o fluxo de informação ao relacionamento face a face, podendo, também, acontecer por meio das interações mediadas por cartas, e-mails, telefonemas, torpedos (mensagens de texto enviadas por celular) etc., que se diferenciam da primeira por usarem outros recursos para as deixas simbólicas.

Na carta, palavras podem, eventualmente, aparecer grifadas ou com aspas: "Como você sabe, ele é uma 'ótima' pessoa"; no e-mail, as palavras escritas em letras maiúsculas denotam chamada de atenção ou dúvida ("NÃO ENTENDI O QUE ACONTECEU????"), o que, na linguagem codificada, usada na internet, significa grito e agressividade; no telefonema, quando os participantes da comunicação modelam e alteram o tom da voz para garantir o entendimento do significado da mensagem ou no torpedo, quando, mesmo com um número limitado de palavras, pode-se dar o tom da informação: "O QUE SIGNIFICA ISSO???". A compreensão dos significados e códigos utilizados, por exemplo, nessas formas de comunicação, precisa necessariamente ser compartilhada por quem recebe a informação, quem aplica uma série de habilidades e recursos acumulados no cotidiano organizacional para dar fluidez e entendimento ao que está sendo falado.

Muitos dos pensamentos, posturas, ideias, planos, comportamentos ou soluções que agem a favor ou contra a realidade organizacional nascem na informalidade e podem se transformar em poderosas redes de influências, decisões e opiniões que, quando legitimadas pela comunicação formal, passam a incorporar o dia a dia dos executivos. As parcerias para grandes tomadas de decisões, as pequenas e grandes reinvindicações ou qualquer outra mudança na vida corporativa têm início na informalidade,

Com o objetivo de tentar estabelecer uma ponte com a informação que tem origem nesse processo, as empresas criam canais de caráter contributivo, como caixas de sugestões, e ações, como políticas de "Portas Abertas", disponibilizadas como colaboração dos funcionários para melhorar a gestão e a vida da coletividade. Isso porque movimentos reinvindicatórios ou objeções que se matêm na informalidade podem determinar a longo prazo o comprometimento da ordem e perda de lucratividade.

As políticas informais

De certa forma, as organizações desenvolvem, para si, códigos de conduta que não fazem parte da política de comunicação formal, mas são veiculados de forma clara na informalidade e, de modo geral, se sobrepõem aos códigos da empresa. Apesar de muitas vezes contraditórios, paradoxais e incoerentes, esses códigos, nascidos na informalidade, legislam sobre o que foi estabelecido na formalidade e servem como guia para o comportamento esperado.

Os funcionários recebem, por meio das mensagens informais, as "normas de comportamento" que, de fato, vigoram no dia a dia e, segundo Kofman, se sobrepõem, na maioria das vezes, às regras que estão estabelecidas, por exemplo, na missão, visão e valores da empresa:

Faça seu superior pensar que você não tem problemas, mesmo se os tiver.
Assuma os riscos, mas não se equivoque.
Mantenha os outros informados, mas oculte os erros.
Diga a verdade, mas não traga más notícias.
Triunfe sobre os outros, mas faça parecer que ninguém perdeu.
Trabalhe 'em equipe', mas lembre-se o que realmente conta é o desempenho individual.
Expresse suas ideias com autonomia, mas não contradiga seus superiores.
Seja criativo, mas não altere os procedimentos tradicionais.
Prometa somente o que pode cumprir, mas nunca diga 'não' aos pedidos do seu superior.

Faça perguntas, mas nunca admita ignorância.
Pense no sistema global, mas só se preocupe com os resultados da sua área.
Pense a longo prazo, mas só se preocupe com a obtenção de resultados imediatos.
Aja como se nenhuma dessas regras existisse. (KOFMAN, 2004, p. 136-7)

A aceitação das regras que atuam e definem o comportamento esperado, mesmo não encontrando paralelo com o que está publicado na formalidade, é eficaz para manter e preservar o poder. Segundo Fleury (1996, p. 68), "na maioria das vezes os indivíduos e os grupos têm a base das suas ações e decisões originadas nos colóquios da informalidade".

De modo geral, as organizações não se interessam sobre o que pensa o indivíduo, pois entendem que o interesse da coletividade é suficiente para criar a tensão necessária para manter todos os funcionários adaptados. Expressões individuais só passam a ganhar atenção em duas vertentes: a) quando colaboram para estimular e fazer crer no discurso da empresa, por exemplo, um funcionário hipermotivado diz no boca a boca o quanto a empresa é generosa ou o ajudou a realizar algum desejo, seja o de estudar, viver fora do país, comprar uma casa etc.; b) quando colabora para divulgar imagens negativas da organização com poder para contaminar as ações do grupo e a imagem da empresa, por exemplo, um caso de demissão polêmica, chefes destrutivos, descobertas administrativas que colocam em xeque a ética da empresa.

De outra forma, as manifestações individuais, simulações, dissimulações, brigas e oposições abertas na informalidade, para serem aceitas na formalidade, precisam estar travestidas de críticas e visões construtivas para a empresa e seus participantes. Por exemplo: a) pessoas da hierarquia superior que desautorizam subalternos – na formalidade essas atitudes são revestidas de agradecimentos às contribuições do colega e a participação na mudança de planos em função de possibilidades mais abrangentes; b) pessoas que na informalidade utilizam-se de artifícios para destituir colegas e na formalidade, a fim de responderem a essas atitudes, alegam a necessidade de buscar o melhor para a organização.

O peso do informal é tal, que até mesmo presidentes e diretores precisam trabalhar suas ideias e projetos na informalidade, de forma que identifiquem e busquem cooperação, para agir com segurança. O acúmulo de recursos que servem de base para o poder e sua ampliação tem sua constituição nesse meio. As escolhas, indicações de pertencimento, proximidade ou de exclusão, adesões e negativas de ideias, projetos e pessoas fazem parte do cotidiano informal do trabalho e são determinantes nas ações futuras da coletividade.

Assim, qualquer movimento, positivo ou não, quando reconhecido pela formalidade, tem sua origem informal esquecida, o que convém à continuidade dos processos e faz parte de um acordo consensual ao qual todos, na coletividade, submetem-se. De acordo com Bordieu, o que se torna explícito passa a ser considerado oficial:

> A passagem do implícito ao explícito, da impressão subjetiva à expressão objetiva, à manifestação pública em um discurso ou

em um ato público, constitui por si, um ato de instituição e representa por isso uma forma de oficialização. (BOURDIEU, 2002, p. 166).

Um exemplo comum acontece nos almoços e jantares de empresas em que os assentos próximos do alto escalão são indicativos do momento profissional em que se encontram seus ocupantes. Os que estão próximos da chefia, de modo geral, são os considerados a "bola da vez".

A comunicação informal, quando questiona a realidade, destitui temporariamente a forma de seu poder, coloca em dúvida sua credibilidade, expõe seu caráter estético e os antagonismos entre o que é vivido pelo funcionário e o que é criado para ser emoldurado e apresentado para a coletividade.

Não é difícil, na intimidade, que se ouçam comentários de executivos sobre o mau andamento da empresa, sobre como se sentem espoliados de suas vidas particulares ou a respeito de eventuais maus tratos sofridos. Mas no dia a dia, se questionados oficialmente, são portadores dos mais elevados elogios à gestão e ao trabalho. Em caso de discordâncias, a empresa transforma as ações que considera negativas em desvios individuais, para possibilitar a continuidade e o equilíbrio da gestão. Como no caso citado anteriormente da rede de supermercados Pão de Açúcar.

A influência da informalidade serve também para, de tempos em tempos, obrigar a empresa a readaptar e modelar os exageros da formalidade, o que deixou de ser razoável. Tal qual uma guardiã, a comunicação informal permite os avanços sem, contudo, lançar mão da sua competência de legislar em situações em que o formal desconsidera o bom-senso dos colaboradores.

Não se trata de fragilizar o poder da comunicação formal. Em vez disso, na constituição dos papéis desempenhados pelos funcionários no trabalho – histórias, mitos e ritos organizacionais – e na manutenção de uma realidade, na qual as diferenças e as irregularidades se apresentam domadas e transformadas, a comunicação formal mantém um sistema de regras que funciona para indicar a intensidade da obediência que espera à sua realidade.

A ordenação do cotidiano e a estética da construção da comunicação formal, mesmo subvertendo os fatos de acordo com seus interesses, constituem-se no arcabouço do poder e na cultura organizacional, porque tornam a vivência coletiva uma soma de ideais que faz acreditar na possibilidade de transformar em reais a ausência de defeitos e a excelência universal. Os discursos dos presidentes nas cerimônias oficiais da empresa, propondo a união dos empregados para atingir metas consideradas impossíveis, são exemplos claros de como as organizações viabilizam a busca pela perfeição.

A comunicação informal estimula a reflexão do sujeito porque permite uma lógica arbitrária, desconhece os perigos da incoerência e é o único canal de insurgência do indivíduo. Mesmo assim, a prudência atua na organização com a força de censora das palavras e impede, na maioria das vezes, que o que pensam os funcionários na sua individualidade venha transpor barreiras autoimpostas. Poucos se permitem dizer o que pensam de fato e praticamente ninguém que pretenda se manter na empresa é destemido para discordar publicamente da gestão.

Nesse jogo, a luta pela sobrevivência e a necessidade de encontrar uma certa coerência no trabalho associam-se ao poder das imagens e da aparência para manter coesa essa realidade. Em uma empresa onde os funcionários acreditam na imagem de grandeza e poder, mesmo sob pressão, estresse e dificuldades, a tendência é o funcionário externar orgulho.

A manutenção da instabilidade

Para sustentar o ideal da perfeição, a empresa necessita despender grandes esforços de comunicação para manter a crença e o poder de transmissora da verdade. Assim, a entrega absoluta dos empregados à ideologia de que a globalização demanda empenho e concentração 24 horas por dia, e de que o sucesso profissional é subproduto da capacidade de adaptação às exigências da contemporaneidade, torna-se um projeto complexo que, uma vez absorvido e incorporado, é vivenciado como lei que justifica os excessos.

Um exemplo de empresa que forjou, até o limite, a cultura de que a normalidade é inaceitável é a Ambev.

> A cultura da Ambev faz valer uma implacável e eficiente seleção natural. [...] Nos últimos tempos, essa cultura vem sofrendo ajustes. Há um claro esforço para amenizar a ideia de que a empresa leva a competição ao limite do insuportável. Um dos motivos para mudança é a série de processos de assédio moral que alguns ex-funcionários vêm movendo contra a Ambev. Tudo começou por causa de um antigo ritual: os vendedores que não cumpriam suas metas eram obrigados a pagar com castigos físi-

cos (fazendo flexões, por exemplo). Alguns entraram na justiça, conseguiram ganhar indenizações e talvez, pior, tenham exposto a companhia à opinião pública. (MARIO, 2007, p. 62)

Considerada uma das empresas mais competitivas do Brasil, não mediu esforços para incentivar a ideia de seleção natural para a sobrevivência dos funcionários nos quadros da instituição. Esse fato gerou uma vivência predatória, aliada à necessidade de sobrevivência, em função de altos salários, de forma a sugerir que somente pessoas ultracapacitadas teriam condições de sobreviver. Para desempenhos abaixo das metas estabelecidas, a empresa persuadia, anteriormente, seus funcionários a aceitar a aplicação da punição física, como medida exemplar. Os indivíduos incapazes de acompanhar as metas estabelecidas eram obrigados a pagar com flexões em público. Para Trivinho (2002, p. 259) isso se justifica pela necessidade de acompanhar a velocidade e as exigências dos mercados: "Por certo, a violência da velocidade faz ninho, por exemplo, com as ameaças verbais e não verbais, as chantagens, o assédio sexual ou moral, as formas preconceituosas e racistas de tratamento, os atos de humilhação e difamação públicas, e assim por diante".

A demanda por justificativas da adoção das medidas punitivas obrigou a empresa a tornar público o movimento de ajuste na sua cultura. O número de processos de assédio moral ganhos pelos funcionários teria atingido um patamar suficiente para desestabilizar sua imagem pública.

Fica claro que os mecanismos de impedimento das ações punitivas não tiveram como objetivo apenas deter a aplicação das medidas, mas também amenizar a percepção do público externo de que a empresa estaria estimulando o uso da violência física. Para subverter essa imagem, a Ambev passou a divulgar, sistematicamente, a adoção, como medida compensatória, de premiação com um bônus de 13 salários adicionais para os funcionários que se aplicam em ultrapassar as metas.

Dessa forma, a empresa mantém o mesmo poder de coação, dissimulando por meio de premiação o caráter violento mostrado anteriormente. No entanto, para efeito de imagem, e para os próprios funcionários em função das suas necessidades, isso, apesar dos custos pessoais, é visto como algo positivo.

Quando os excessos negativos, de qualquer natureza, ultrapassam as fronteiras da empresa, devem ser imediatamente mostrados como inaceitáveis. Desse modo, a exposição dos culpados é adotada e veiculada, nos canais internos e externos da empresa, como medida moralizante. Por fim, em relação ao público e aos funcionários, o reconhecimento do erro e a confissão pública tornam-se o caminho seguro para o perdão, o qual pretende restabelecer a visão positiva da imagem organizacional.

Longas jornadas de trabalho

Embora reconhecida como fator gerador de enorme desgaste emocional e físico, a competitividade chegou aos seus limites exigindo a ampliação da jornada de trabalho para patamares superiores a 14 horas por dia. Pode-se considerar que esse número ainda é superior, se somado à extensão do trabalho na vida privada, com a leitura de e-mails e atendimentos realizados por celular.

Atualmente, o tempo de dedicação ao trabalho considerado normal, para uma boa parte dos executivos das grandes empresas, está em torno de 70 horas semanais,[5] tempo ampliado para empresas que mantêm negócios com o Oriente, para o qual criou-se a expressão *extreme jobs* (veja o Glossário), que significa atividades que exigem dedicação 24 horas por dia, dos profissionais mais graduados, grande tensão e responsabilidade, além de nenhuma demonstração de fraqueza.

No Brasil, de acordo com pesquisas de Tanure (2007), o executivo trabalha mais horas que em países desenvolvidos. Não é difícil encontrar executivos que dediquem até 17 horas diárias ao trabalho em alguma fase da vida. Para ter uma ideia, na Europa o tempo de trabalho de um executivo é de 35 horas semanais em média. Nesse sentido, um depoimento apontado por Tanure (2007) chama a atenção: "Fiquei tão pirado num período que estávamos com uma carga de trabalho além de qualquer possibilidade humana (trabalhávamos 17, 18 horas por dia), que um dia percebi que estava fazendo contas de somar no teclado do telefone."

Nesse cenário, o excesso e a negação do próprio indivíduo e de suas necessidades passaram a ser considerados exigência

---

[5] "Equipamentos como o *BlackBerry*, o celular que facilita o envio e recebimento de e-mails, e os laptops, que permitem acessar a internet de qualquer lugar, sem precisar de rede fixa ou pontos de *wireless*, acabaram por eliminar a fronteira entre a vida pessoal e o escritório. Trabalha-se o tempo todo. Na quadra de tênis. Em casa, com os filhos. No jantar romântico com a pessoa querida. Também nas férias e feriados." (SEGALLA, 2000, p. 51)

mínima, modelo de rotina para quem deseja fazer que a sua história seja incorporada às do Olimpo Organizacional, mesmo sabendo que, como dizem Negri e Hardt (2002, p. 306), os empregos sejam "em sua maioria altamente movediços".

Os exemplos de homens e mulheres que conseguem alavancar suas carreiras e se tornar modelos de funcionários bem-sucedidos, alardeados amplamente na mídia, habilitam as organizações a cobrar, cada vez mais, a entrega total do empregado e exigir, mesmo que dissimuladamente, o distanciamento da vivência familiar, como um dos sacrifícios necessários para o sucesso. Para Tanure:

> Refém do tempo que dedica ao trabalho, o executivo não raramente sente prazer em estar permanentemente ocupado e até seduzido pela fantasia da insubstituibilidade; não coloca limite, ou mesmo prioridade. Apesar de o tempo lógico ser percebido como um fator limitador de tudo o que se tem a realizar, o pensamento mágico de que é possível resolver todos os problemas é avassalador. (TANURE, 2007, p. 58)

Diante disso, as empresas deixam claro que não existe espaço para o funcionário indisciplinado ou não conivente com as regras da empresa. Os dados estatísticos e midiáticos se opõem a ele, obrigando suas divergências a se manterem represadas no submundo da informalidade. No cenário corporativo, a comunicação formal age, com eficiência, para manter a disciplina, por meio da realidade construída, reforçando a necessidade de esforço, entrega e sacrifícios da coletividade para a manutenção dos propósitos que devem ser compartilhados.

A aparente ausência de opções e a percepção de que o reconhecimento profissional é produto do esforço praticamente sem limites levam ao desgaste produtivo do funcionário, reconhecido e vivido apenas na informalidade. Todos sabem, todos sentem, mas ninguém se expõe a comentar.

Qualquer evidência formal de fragilidade emocional e física – doenças e desajustes de comportamento – de qualquer indivíduo, nas questões relacionadas ao dia a dia, pode ser determinante para dúvidas relacionadas ao desempenho ou a exclusão por incompetência ou inaptidão, aumentando, ainda mais, o raio de dificuldades vivenciado por esses trabalhadores.

No teatro corporativo o jogo de cena é muito importante e faz que o Brasil seja o segundo colocado no ranking dos executivos mais estressados (41%), perdendo apenas para o Egito (42%) (Tanure, 2007, p. 14). Dessa forma, competência, velocidade, entrega total de si e adaptação devem ser consideradas uma prática constante, sem nenhuma possibilidade de contrários.

Capítulo III

O paradoxo da comunicação como fator de comprometimento no desempenho profissional

A oficialização sobre o desligamento ou punição de qualquer funcionário é feita pela comunicação formal por meio de histórias sobre indisciplina, desgaste físico, emocional ou incapacidade de um ou de um grupo de funcionários específicos. De modo geral, as narrativas que são espalhadas pela empresa creditam a opção pela exclusão do trabalhador em função de sua incapacidade de absorver os códigos, ou pela intolerância aos ditames organizacionais. Deixam claro que as inadequações são sempre fruto das imperfeições do indivíduo, e de modo algum relacionadas à empresa.

Já o abandono da carreira executiva pela opção empreendedora é, quando midiatizado, mostrado como um ato menos heroico do que a superação das imposições físicas e emocionais daqueles que se aplicam a lutar por suas carreiras dentro das empresas. Nas revistas comerciais, as histórias sobre ex-funcionários que desistiram de seus cargos para exercer outra atividade são recheadas de depoimentos sobre as dificuldades encontradas na mudança e uma entrega ainda maior para dar conta das exigências do mercado.

Os relatos que ganham as publicações falam dos que reconheceram a pressão do trabalho, ficaram abalados fisicamente e foram punidos na vida pessoal com os mais variados comprometimentos. A partir de então, abrandaram suas rotinas, mas se mantiveram fiéis ao objetivo de levar adiante a carreira e determinados a cumprir os anseios da empresa para a qual trabalhavam. Exemplos como a trajetória de Cledorvino Belini (presidente da Fiat) e David Marcovitch (presidente do grupo Moët Hennessy) veiculadas como histórias com um final feliz, são modelos emblemáticos do colorido necessário para abrilhantar o trabalho nas empresas.

> Um dos executivos brasileiros mais bem-sucedidos, Cledorvino Belini é um homem realizado. Sob seu comando, cerca de 17 mil funcionários produzem 1,8 mil carros por dia em Betim (MG), na maior fábrica de automóveis do grupo Fiat fora da Itália. Desde que se lembra, trabalha 13 ou 14 horas por dia. Há sete anos, passou por um grande susto. "Tive uma fibrilação arterial, uma espécie de arritmia no coração", diz, "Ouvi do médico que, se eu continuasse naquele ritmo, teria poucos anos pela frente". A causa da doença? A correria do dia a dia associada ao estresse comum entre executivos no topo. O jeito foi reorganizar tudo. Como trabalhar intensamente fosse inevitável [sic], decidiu incorporar hábitos saudáveis. Passou a fazer exercícios físicos e priorizar alimentos menos calóricos. Hoje, 10 quilos mais magro, sente-se mais disposto. E o ritmo continua alucinante. Mesmo no fim de semana, responde e-mails dos funcionários da

empresa. São, às vezes, centenas de mensagens. "Não deixo um sequer sem resposta", diz. (SEGALLA, 2007, p. 51)

Nas últimas três décadas, David Marcovitch não se lembra de ter tirado mais de dez dias de férias seguidos. Na última vez, foi com a mulher à França e Itália e passou o tempo todo colado ao celular. Responsável na América Latina por um grupo que tem inúmeros braços internacionais (a empresa é dona de grifes como Veuve Cliquot e Moët Chandon), Marcovitch coordena o trabalho de 800 pessoas em diferentes países. "Nunca trabalho menos de 16 horas por dia", diz o executivo, que já chegou a dormir no escritório. "Acordo nos horários mais inusitados para falar com os escritórios no mundo". Se isso incomoda? "Pode parecer algo irracional, mas esse ritmo é natural na minha vida". Casado há 30 anos, não tem filhos. "No começo, foi opção", diz. "Eu sabia que teria de me dividir entre trabalho e família. Para não fazer uma escolha difícil, preferi deixar de lado a chance de ter crianças". Anos depois, o casal considerou a hipótese, porém já era tarde demais. "Paciência, não gosto de ficar remoendo o passado". (SEGALLA, 2007, p. 52)

O abandono da carreira executiva, a revelação das dificuldades em se manter firme diante das exigências e a transparência da impossibilidade de alcançar a plenitude por esse modelo de trajetória profissional são discursos pouco atraentes para serem transformados em notícia, em comparação ao sucesso contextualizado pelas revistas. Contudo, quando citados, aparecem também como modelos de sucesso empreendedor e de coragem que, tanto quanto a manutenção da carreira nas empresas, se apresentam idealizados.

No entanto, qualquer tentativa de buscar motivos que possam denegrir suficientemente a vivência executiva e justificar questionamentos sobre a legalidade de submeter o funcionário a pressões acima da capacidade humana, revela-se incapaz de competir com o sonho poético de sucesso.

O mito da perfeição, acompanhado de imagens midiatizadas com belos sorrisos, roupas luxuosas, histórias sobre negociações e viagens ao redor do mundo, não oferece espaço para a identificação das mazelas que acarreta essa escolha. As empresas usam e abusam em suas publicações de relatos biográficos de seus executivos, em geral, recheados com fotografias destes em poses de artistas de cinema, bronzeados, sorridentes e bem-vestidos, falando sobre o que os guiou até o sucesso e até sobre suas preferências esportivas, que podem ser mergulho, tênis, golfe e xadrez entre outras. Descrições que servem de indicativos consistentes de que a empresa produz homens completos e realizados.

Imagens dessa natureza apoiam as narrativas da comunicação corporativa sustentadas por histórias de lutas e sacrifícios exigidos no desempenho das funções profissionais, mas, plenamente recompensadas por uma vida profissional de reconhecimentos financeiros, vida social com muitos amigos e um contexto familiar repleto de amor, paz e tranquilidade. A possibilidade de sofrimento nunca é colocada em xeque ou questionada. Deve-se construir a imagem de que a carreira dos executivos, daquela determinada empresa, é o prêmio pelo desempenho, a qual se realiza, sempre, em meio a amenidades.

Os casos que se contrapõem ao enredo do sucesso, quando midiatizados, não chegam a arrebatar. São histórias de sofrimento individual, perdas, abandonos e tristezas que vão contra a possibilidade da perfeição e são pouco atraentes para fazer parte dos contextos da comunicação formal, das revistas comerciais e do histórico das empresas.

Na formalidade, os episódios que fogem dos padrões esperados de sucesso são apresentados como doenças, e por isso merecem cuidados e também servem de exemplo para que os que vivenciam o ambiente corporativo não se contaminem. São relatos apresentados como cenas de uma novela, na qual as patologias que abalam e causam turbulência à normalidade, se isoladas e tratadas, de forma geral, levam a um final bem-sucedido.

A vida executiva dentro da comunicação formal é construída de maneira que, aparentemente, os eventos não tenham o poder de afetar física ou emocionalmente a atuação dos funcionários e trabalha para fazer crer que esses eventos são fatores passíveis de controle. Além disso, apoia-se na ideia de que a pessoa não se encontra confinada a suas limitações, sejam elas de que natureza forem. Do indivíduo, nesse contexto, é esperado apenas o resultado de seus bons pensamentos, atitudes pró-ativas e ideais engrandecedores. Ideia esta patrocinada pela visão de que o ser humano tem competência para agir de forma desvinculada do contexto e de seu corpo.

Ao dissuadir que o trabalho exaustivo e cheio de pressões é recompensado pelo sucesso, sem considerar as implicações graves no organismo e na lucratividade da empresa, a comunicação formal manipula o que é o sucesso, desmerece a capacidade de percepção dos funcionários e desacredita o que se sabe hoje sobre o funcionamento do corpo humano. Ela aproveita-se do determinismo cultural que, para Greiner, traduz a visão que se aplica atualmente sobre o corpo e como ele funciona:

> São quase sempre apenas novas roupagens para antigos pensamentos e convicções como a de que o corpo é apenas a máquina habitada por alguma substância hierarquicamente mais importante, e menos perecível do que a carne. Em sintonia com essa visão, o corpo ainda aparece descrito como espécie de tabula rasa que recebe informações da cultura, com capacidade para moldá-lo, confinando-o mais uma vez no papel de instrumento do determinismo sociocultural. Qualquer referência do corpo, como sujeito de si mesmo e mídia do conhecimento, é considerada como perigosa, propõe analisar seu funcionamento genético e neurofisiológico. Esta é a armadilha mais saborosa das novas pesquisas, porque é só estudando mais de perto este 'como o corpo funciona' que parece possível compreender como as informações do mundo são internalizadas no organismo e, então, modificadas. Isto nada tem a ver com o cientificismo maroto ou o discurso do poder. Mais do que nunca, ciência e filosofia aparecem irremediavelmente conectadas, assim como a natureza e a cultura. (GREINER, 2005, p. 12-3)

A visão mal compreendida do corpo é anacrônica, uma vez que se pensa o sujeito a partir da lógica cartesiana (MATTHEWS, 2007, p. 19), acomoda as necessidades de suporte para a comunicação corporativa. Essa visão faz sentido, se observarmos que boa parte dela está apoiada no pensamento de John Locke, de que a mente é uma tábula rasa, na qual a compreensão do mundo é fruto unicamente da experiência, ou da teoria de Rousseau, em que as pessoas podem ser levadas a subordinar seus interesses "a uma vontade geral" (PINKER, 2004).

É interessante notar que com processos seletivos altamente competitivos, os quais exigem competências imaginadas para hiperexecutivos, se construa e estabeleça uma comunicação formal isenta da pressuposição de que o executivo tenha capacidade de tirar conclusões, questionar e perceber as modulações que interessam ao poder. Mergulhado em meio a modelos, muitas vezes infantis, de comunicação corporativa, encontra-se o executivo que se entrega à submissão corporativa, como diz Greiner, por pura impossibilidade de contestar:

> A sujeição é o processo de se tornar subordinado a um poder, é também o processo de construção do sujeito. A submissão é a condição de sujeição mas também o modo como um sujeito é formado quando está submisso a um poder, caso esta seja a sua única possibilidade de sobrevivência no momento. (GREINER, 2005, p. 91-2)

A possibilidade de o paradoxo (estabelecido entre a realidade construída e a que se desenrola na informalidade) ser percebido e questionado formalmente pelos funcionários é irrelevante para a empresa, considerando que estes, cada um a seu modo, estão entregues ao silêncio em função das suas necessidades.

Nesse sentido, a comunicação formal deixa-se enfeitar em busca da apoteose estética, evidenciando apenas os predicados da vida corporativa. Porém, diante das evidências apresentadas pelos avanços na área da neurociência, a ambiguidade da informação tem competência para influir, das mais variadas e contundentes formas, na performance dos indivíduos.

Em vista da consideração de que cada pessoa é movida pelas singularidades de suas experiências e que a interpretação dos eventos tende à particularização do que é vivenciado, interferindo continuadamente no eu de cada um, abre-se um novo questionamento a respeito da comunicação corporativa. Para Damásio (2004, p. 288), nossas atitudes e nossas escolhas são, em grande medida, consequência da "ocorrência de individualidade" que os organismos preparam sob a inspiração de cada momento. Não surpreende pois, que possamos vacilar, sucumbir à vaidade e trair, ser maleáveis e volúveis.

A ideia ingênua de que a simulação da perfeição, forjada no discurso ou na imagem, basta para silenciar as vozes dissonantes, embora auspiciosa, não é apropriada. A visão do empregado inapto à ponderação e reação diante da verdade corporativa não reflete, segundo a neurociência, a realidade.

A emoção e os sentimentos que podem ser originados pela comunicação formal ou informal, diante da realidade, servem de guias internos e ajudam a comunicar aos outros o que se pensa naquele momento. A compreensão da impossibilidade de dissociar o cérebro do corpo e da atuação do organismo no meio ambiente – e vice-versa – abre a necessidade de questionamento sobre a eficiência da comunicação corporativa como é realizada hoje.

O cérebro-corpo na visão atual

Até pouco tempo, o cérebro e o corpo eram pensados como se pudessem existir e agir separadamente. Acreditava-se que as informações que eram passadas pelo corpo tinham que percorrer uma série de caminhos até chegar ao centro do pensamento, que só então passaria a processar uma resposta adequada à situação. Assim, quando uma pessoa recebia um chute no joelho, por exemplo, a informação sobre a intensidade da dor levava um certo tempo para chegar à mente da pessoa, e só depois seria processada a resposta adequada. Assim, havia um lapso de tempo entre o chute e o eventual grito de dor, ou o tapa no agressor.

A partir dos avanços das tecnologias, voltadas para atender às necessidades da medicina, tais como O Homem Virtual, ressonância magnética intraoperativa, cirurgias-guiadas, sistema intraoperatório e exames como: eletroencefalograma (EEG), vídeo eletroencefalograma (Video-EEG), monitorização contínua com eletroencefalograma (EEG), poligrafia neonatal (PN), potenciais evocados (PE), eletroneuromiografia, polissonograma (PSG), teste das latências múltiplas de sono (TLMS), Doppler transcraniano (veja o Glossário) e pesquisas científico-tecnológicas, teve-se a comprovação de que o cérebro e o corpo não podem, em hipótese alguma, ser entendidos como distintos.

A constatação dos efeitos da alegria, da tristeza ou das pressões constantes no organismo humano deixa claro que é impossível que um empregado indisposto com a empresa não expresse, de forma inconsciente, um baixo desempenho como fruto dos seus sentimentos, o mesmo acontecendo em caso de felicidade.

A constatação da interação cérebro-corpo foi reforçada por uma série de pesquisas, como por exemplo, estudos sobre os membros fantasmas (situação em que pessoas que tiveram um membro amputado queixam-se da sensação de existência do membro e, em algumas vezes, sentem dor intensa no local), ou investigações a respeito das sensações originárias da pele, como calor, frio e dor, que, segundo Ramachandran (2002, p. 61), apesar de terem suas próprias áreas-alvo ou mapas no cérebro, estão entrelaçadas de tal forma com outras áreas do próprio cérebro o que torna qualquer resposta corporal extremamente complexa. Para o autor, a complexidade do cérebro pode ser imaginada a partir da análise de um pedaço ínfimo do mesmo:

> O cérebro humano típico contém mais de 100 bilhões de neurônios, cada um fazendo algo entre mil e dez mil sinapses com outros neurônios. Segundo pesquisas, um pedaço de cérebro do tamanho de um grão de areia deve conter 100 mil neurônios, dois milhões de axônios e um bilhão de sinapses, todas "falando" com as outras. Dadas estas cifras, calcula-se que o número de possíveis estados cerebrais – o número de permutas e combinações de atividades teoricamente possíveis – ultrapasse o de partículas elementares existentes no universo. (RAMACHANDRAN, 2002, p. 31)

Entendendo que o cérebro humano e o corpo são, como afirma Damásio (1996, p. 17), um organismo indissociável, formando um conjunto integrado de circuitos reguladores bioquímicos e neurológicos mutuamente interativos (incluindo componentes endócrinos, imunológicos e neurais autônomos), nos leva a supor que as interpretações que fazemos do mundo obrigatoriamente têm um caráter subjetivo, porque dependem, em grande parte, das impressões internas (se passam no interior do corpo) e externas do nosso organismo (meio ambiente). Segundo Tanure:

> O mal-estar em trabalhar em um ambiente cuja cultura exalta valores que o executivo não compartilha, que tolera práticas desrespeitosas, injustas, contraprodutivas, ou até mesmo desonestas ou imorais, pode trazer forte tensão, comprometendo gravemente a relação com a empresa. Tensão que pode ser agravada quando o executivo sente que há uma contradição entre as crenças professadas, e aquelas que são realmente praticadas. (TANURE, 2007, p. 78)

A alteração da realidade pode acontecer quando o organismo é levado fisicamente a uma exigência para a qual não está adaptado. Por exemplo, quando ficamos expostos a uma sensação térmica de frio intensa, sem roupa apropriada. A baixa temperatura leva a um desconforto físico, que se apresenta por meio de tremores, extremidades roxas e nariz escorrendo, esse desconforto dificulta a capacidade de concentração e altera a percepção dos fatos. Até que a sensação de calor volte, teremos parte da atenção do organismo voltada para a restituição da temperatura adequada.

Da mesma forma, sob forte tensão somos levados a ter uma percepção alterada dos acontecimentos. Dependendo do nível de estresse em que nos encontramos, podemos acreditar que a realidade é melhor ou pior do que de fato se apresenta e isso pode ser acompanhado de sensações físicas de náusea, frio na barriga etc., sinais provocados pela sensação interna de instabilidade.

> O nosso próprio organismo, e não uma realidade externa absoluta, é utilizado como referência de base para as interpretações que fazemos do mundo que nos rodeia e para a construção do permanente sentido de subjetividade que é parte essencial de nossas experiências. De acordo com essa perspectiva, os nossos mais refinados pensamentos, as nossas maiores alegrias e as nossas mais profundas mágoas usam o corpo como instrumento de aferição. (DAMÁSIO, 2004, p. 16)

Logo, simplificar o impacto da comunicação corporativa e seus paradoxos sobre o funcionário é retroceder diante das evidências de suas potencialidades (minimizar e comprometer a sua competência).

O organismo e sua interação com o meio ambiente

O organismo formado pelo cérebro-corpo está no meio ambiente e interage nele como um conjunto. Assim, diferenciar o que é um ou outro é igualmente complexo, na medida em que é necessário considerar que o ambiente é também, segundo Greiner (2005), um produto da atividade do próprio organismo, o que torna ainda mais perturbadora a realidade das interações corporativas. Em uma sala em que o nível de ruído se matém acima do tolerável, verificamos que as pessoas aumentam o tom da voz e se tornam mais agitadas do que em um ambiente com baixos níveis de ruídos. Significa dizer que não é apenas o ambiente que comanda o desempenho do corpo, nem tampouco o corpo determina o ambiente. Ambos são atuantes o tempo todo.

As relações entre organismo e ambiente são mediadas pelos cinco sentidos – tato, audição, paladar, olfato e visão – e pelos movimentos (DAMÁSIO, 1996, p.117), e a qualidade da resposta se dá em função da disposição e aptidão do mesmo naquela circunstância. Assim, podemos supor que em uma sala em que o nível de ruído é alto, não só a audição fica comprometida, como também os outros sentidos, uma vez que o organismo de cada uma das pessoas que se encontram no local estará focado em ouvir melhor, o que provavelmente prejudica os outros sentidos. Para Damásio (2004, p. 120), o organismo atua no ambiente por meio de movimentos resultantes de todo o corpo e por meio da voz.

Mesmo antes da confirmação da interação cérebro-corpo, a preocupação com o desempenho do organismo, em função do impacto do meio ambiente, e sua relação com o trabalho se fazia conhecida. O que levou ao desenvolvimento da ergonomia que, por meio de normas internacionais (NR 17) tenta manter assegurada a saúde física e mental dos trabalhadores no exercício de suas funções. Porém, mesmo amparadas pela legislação, as questões relacionadas com os aspectos psicológicos, fruto das interações humanas no trabalho e das exigências físicas para sua atuação, continuam sendo alvo de questionamentos e discordâncias.

Assim, o efeito das longas jornadas de trabalho, da falta de garantia de permanência no emprego e da pressão a que são expostos os funcionários, além de seus conhecidos prejuízos à saúde, se aliados à comunicação corporativa projetada para fazer crer que o sucesso profissional depende unicamente de aceitação aos ditames da empresa, comprovam o desconhecimento, do quanto o paradoxo entre o que é comunicado e a verdade podem levar à insatisfação e descrença em relação ao trabalho.

A garantia de que o bem-estar ou mal dos empregados inclui as relações que estes estabelecem com o ambiente de trabalho leva à necessária consideração dos riscos da comunicação formal e informal criarem distúrbios que, se somados a outros fatores que causam descontentamento, constituem séria ameaça à saúde física e psicológica dos envolvidos.

Situações ambíguas e divergentes, como as mencionadas nos capítulos anteriores deste livro, levam a crer que os empregados sofrem o impacto de uma série de influências (pressões, competitividade entre colegas, luta contra o desgaste físico e mental etc.). Nessas condições, cada um dos colaboradores busca a sua maneira encontrar a homeostasia (veja o Glossário) ou equilíbrio, para não se deixar levar pelo estresse ou pela perda da saúde. Mesmo assim, segundo Tanure, para alguns executivos a pressão é tão devastadora que é difícil minimizar os efeitos do ambiente de trabalho sobre o corpo:

> Aqui na empresa o ambiente é tão pesado, há tanta competição entre as pessoas e tantos jogos de poder, que vivemos sentindo que a qualquer hora alguém vai te dar uma facada nas costas. Cada um se protege como pode, mas não dá para viver assim por

muito tempo, chega a ser insuportável, até para a saúde é ruim. Ninguém consegue viver muito tempo num ambiente como esse. (TANURE, 2007. p. 77)

Nos ambientes corporativos considerados de alta agressividade e competitividade, e que exigem dos profissionais constante estado de alerta, os desgastes físicos dependendo da idade e da capacidade de resistência não são necessariamente visíveis a curto prazo, embora estejam agindo sobre o organismo.

Nesse quadro, a falta de harmonia dos processos de comunicação formal e informal das empresas, pode ser responsável por desencadear maior intolerância, inadaptabilidade, perda da motivação e outras manifestações com potencial para causar grandes prejuízos tanto de ordem humana como material.

Considerando que a interferência dos organismos em estado de desequilíbrio é geradora de distúrbios, no meio ambiente, tais como desentendimentos, incapacidade para cumprir metas ou falta de motivação, conclui-se que, em um ambiente onde os funcionários acreditam que as exigências não são desmedidas, e sentem-se recompensados pelo seu desempenho, respeitados em sua vida pessoal e com baixo grau de discordância entre as formas de comunicação, o resultado será pessoas mais comprometidas, produtivas e satisfeitas.

Emoções e sentimentos

Para compreender a possível extensão do impacto causado pelo paradoxo das comunicações formal e informal nos empregados e no ambiente de trabalho, é necessário estender as considerações deste livro à influência das emoções e dos sentimentos na relação dos eventos físicos e psicológicos que o organismo enfrenta no meio ambiente.

Segundo Damásio (2000, p. 35), as emoções se apresentam como ações ou movimentos, grande parte perceptíveis pelo rosto, pela voz e pela maneira de agir das pessoas. Embora algumas manifestações da emoção não sejam fáceis de se notar, podem se tornar mais evidentes nos exames que detectam seus efeitos no cérebro. Os sentimentos, ao contrário, nem sempre são invisíveis.

As emoções podem ser de dois tipos: primárias ou sociais. As primárias são as de alegria, tristeza, raiva, surpresa ou repugnância, e as sociais de embaraço, ciúme, culpa ou orgulho. Nestas, é preciso considerar que existem também as emoções de fundo: como bem-estar ou mal-estar, calma ou tensão. Damásio descreve as emoções como fundamentais para a manutenção da vida:

> Emoções são conjuntos complexos de reações químicas e neurais, formando um padrão; todas as emoções têm algum tipo de papel regulador a desempenhar, levando de um modo ou de outro, a criação de circunstâncias vantajosas para o organismo em que se manifesta; as emoções estão ligadas à vida de um organismo, ao seu corpo, para ser exato, e seu papel é auxiliar o organismo a conservar a vida. Todas as emoções usam o corpo como teatro (meio interno, sistemas visceral, vestibular e músculo-esquelético), mas as emoções também afetam o modo de operação de inúmeros circuitos cerebrais: a variedade de reações

emocionais é responsável por mudanças profundas na paisagem do corpo. (DAMÁSIO, 2000, p. 74-5)

Em várias ocasiões, nota-se que alguns indivíduos se apresentam tensos, desanimados ou muito animados diante de determinado estímulo ou acontecimento, sem que se tenha dito uma única palavra ou feito qualquer coisa. Esses estados são chamados de "emoção de fundo" (DAMÁSIO, 2000, p. 78) e podem ser percebidos por meio de detalhes sutis do corpo, como a postura, a velocidade dos gestos e das palavras.

As emoções de fundo de bem-estar ou de calma são processos de reação do organismo quando este se encontra em estado de equilíbrio. Já as emoções de fundo de mal-estar e tensão podem ser causadas por processos contínuos de conflito mental e de grande tensão.

Assim, é possível considerar que os funcionários, quando expostos a situações no trabalho que causem sofrimentos constantes, tais como restrições de grande monta, imposições despropositadas, agressões verbais e desilusões de várias ordens, tenderão a sentir emoções negativas como tristeza, raiva, desconfiança ou ódio, que serão complementadas pela emoção de fundo de mal-estar.

Esses sentimentos, podem levar ao comprometimento de todo organismo, uma vez que, segundo Damásio (2000, p. 76), as emoções boas ou más funcionam como mecanismos que agem para a manutenção da sobrevivência. A função da emoção é dupla: a primeira é a da produção de uma reação específica para os acontecimentos; e a segunda de reguladora do estado interno do organismo. As duas, preparam o corpo para uma resposta específica.

Desta forma, quando nos sentimos bem em um ambiente e com as pessoas com as quais estamos nos relacionando no momento temos a tendência a agir de forma positiva; quando nos sentimos mal diante de alguma circunstância, a reação é exatamente contrária, ficamos retraídos, tensos e sentindo-nos mal.

Quando o equilíbrio do organismo esta comprometido, o impacto do evento sobre a mente é automático. Isso pressupõe que, quando o funcionário é submetido a grande tensão e estresse, seu organismo, mesmo de forma involuntária, deve esboçar uma resposta corporal imediata, visível ou não. Como no caso da aparição comentada na época do presidente da Petrobras, Philipe Reichstul, nas páginas da revista *Veja* em 2001, explicando a explosão da plataforma P-36 em Macaé durante uma coletiva de imprensa (DIEGUES, 2007). Ele tinha a figura marcada e curvada causada pelo desastre e pelo abatimento ocasionado pela empresa durante a sua gestão, um exemplo contundente de resposta corporal à crise. Mesmo preparado para se apresentar em público, o presidente da Petrobras deixou claro o impacto das emoções em seu organismo.

Vistas à luz da neurociências, as punições efetivadas por meio de gritos, humilhações e isolamento, utilizadas por algumas empresas, como fazia a Ambev, obrigam o organismo dos funcionários envolvidos a buscar alguma saída em busca do equilíbrio. Afinal, as emoções esperadas diante desses estímulos seriam de raiva e tristeza, aliadas à sensação de mal-estar como emoção de fundo e intoleráveis ao longo do tempo.

As emoções negativas que ocorrem no ambiente de trabalho podem levar ao comprometimento das funções e das reações do organismo, pois, em desequilíbrio, este passa a usar as suas competências com o único objetivo de manter a estabilidade das suas funções internas na tentativa de sobreviver.

Para sobreviver, o organismo em desequilíbrio reage ao impacto dessas emoções por meio da falta de interesse, alterações do humor, perda da motivação e dificuldade de raciocínio. Damásio (1996, p. 117) acredita que quando os estados de tensão são frequentes ou persistentes aumenta-se a proporção de pensamentos que são associados às situações negativas, e como consequência o modo e a eficiência do raciocínio ficam comprometidos.

Desta forma, de nada adianta o uso, por meio da comunicação formal, de imagens de sucesso ou promessas de compensações de ordem material, quando contrapostas a abusos e instabilidades na forma de atuação de gestores que, não compreendem o potencial destrutivo dos paradoxos no desempenho dos seus empregados.

As diversas possibilidades de reação física do estado emocional em que se encontram os colaboradores precisam ser levadas em consideração quando se produz a comunicação formal. Isso porque os deslizes que causam tristeza, tensão ou descrédito são seguidos de uma produção reduzida de imagens mentais e de uma atenção excessiva para poucas imagens, ou seja a capacidade de raciocínio fica limitada. Por outro lado, nos estados em que a comunicação formal é equilibrada com os acontecimentos da informalidade as imagens de bem-estar serão responsáveis pela agilidade das produções do pensamento. Em outras palavras, as pessoas tendem a ser mais criativas.

Nos organismos, soma-se, ainda, outro nível de regulação, a consciência que permite que os sentimentos positivos ou negativos sejam conhecidos e acabem interferindo no processo de pensamento. Dessa forma, quando um organismo tem a experiência de bem-estar, a mente representa também imagens e sensações de bem-estar; se o corpo funciona bem, a capacidade de raciocínio responde da mesma forma, os pensamentos são positivos. Do contrário, o sentimento de tristeza, além da sensação de mal-estar, levará a uma visão dos acontecimentos como difíceis e negativos. (DAMÁSIO, 2004, p. 96).

Os sentimentos dos empregados diante da percepção da realidade, e as emoções que são geradas pela necessidade de se submeter aos propósitos nem sempre cabíveis da empresa, podem levar a perdas importantes, tais como a diminuição da capacidade de raciocínio e de análise e, consequentemente, o comprometimento da capacidade de decisão.

Dessa forma, indivíduos que percebem com clareza o paradoxo entre as comunicações formal e informal e são afetados pelos desencontros com a realidade devem apresentar, em graus de intensidade variada, comprometimento no seu desempenho. Se for um fato que "o corpo não consegue não comunicar" (WATZLAWICK, 1967, p. 47), todas as manifestações que ocorrem no organismo serão explicitadas, quer a empresa queira quer não, e deixarão marcas no meio ambiente e no desempenho dos outros empregados.

Comprometimento do processo de decisão

As decisões pessoais e sociais, segundo Damásio (1996, p. 109-10), estão repletas de incertezas e requerem, por isso, um vasto repertório de conhecimentos sobre o mundo externo e sobre o mundo que existe dentro do organismo. A operação das estratégias de raciocínio requer a ativação de milhares de fatos do passado, usados com a finalidade de que o organismo possa elaborar uma opção de resposta, entre as muitas possíveis no momento.

Para tomar uma decisão cada pessoa usa as experiências em fatos relacionados com o acontecimento que se desenrola, as histórias que ouviu, filmes, sensações físicas e outras informações que estão acumuladas no cérebro e que servem de guias para determinar qual é a melhor resposta naquele momento. Berthoz (2003, p. 9) considera o cérebro um simulador da ação, um gerador de hipóteses, que antecipa e prediz as consequências das ações em função da memória do passado.

A decisão está ligada e depende da capacidade de raciocínio. Para que se possa decidir é necessário perceber a situação que requer uma decisão, as diferentes opções de respostas e suas consequências, imediatas ou futuras. Dessa forma, a percepção que o funcionário tem sobre a realidade presente, somada a experiência de fatos semelhantes que ocorreram no passado, vai influir sobre as suas futuras tomadas de decisões. (BERTHOZ, 2003, p. 10).

O cérebro se utiliza da enorme massa disponível de informações para escolher qual é a resposta pertinente para ser colocada em uso diante da ação que se tem em vista. Assim, para se tomar uma decisão é preciso considerar os paradoxos e o que foi vivenciado no passado.

Para se chegar à resposta final e tomar uma decisão, é preciso recorrer ao raciocínio, o que implica ter em mente grande quantidade de fatos e resultados que correspondem a ações hipotéticas, e confrontá-los com os objetivos intermediários e finais. No âmbito das decisões de caráter profissional raciocinar e decidir pode se tornar uma tarefa complexa, principalmente quando está em causa o destino imediato.

Dessa forma, processos organizacionais que exigem tomadas de decisões rápidas e precisas, se desenvolvidos por um funcionário em estado de grande tensão, tendem a ser prejudicadas, uma vez que a possibilidade de rastrear dados, comparar respostas e simular ações estará invariavelmente comprometida. Isso não significa que tal indivíduo não processará uma resposta aparentemente adequada para a situação. A questão que pesa é: quanto os recursos mentais necessários para analisar os fatos, estando o organismo comprometido, estariam disponíveis para avaliar o problema sem comprometimento do resultado final?

No final das contas, decidir bem é escolher uma resposta que seja vantajosa para o organismo do indivíduo e não para a empresa, de modo direto ou indireto, afinal, o que está em jogo é a sobrevivência do funcionário na corporação e sua qualidade de vida. Implica, também, decidir de forma rápida, especialmente quando está em jogo o fator tempo. De onde Berthoz (2003, p. 13) conclui que a decisão não é somente fruto da razão, mas é também ação.

Nessa análise, é importante considerar as possíveis reações do organismo diante dos paradoxos da comunicação corporativa, uma vez que os impulsos biológicos e as emoções vão influenciar diretamente na tomada de decisão, e as percepções "negativas" deverão alterar a capacidade de análise do empregado. Pessoas que foram repreendidas severamente ou sentiram desconforto físico em decisões corporativas tomadas no passado, deverão, em circunstâncias similares, ter suas respostas comprometidas por essas memórias.

Ao entender a emoção como um guia da decisão (BERTHOZ, 2003, p. 22), é necessário admitir a possibilidade dela também se constituir na causa do erro na seleção de uma determinada escolha. Assim, no trabalho, a capacidade de análise para a tomada de uma decisão, em situação de pressão ou estresse, estaria necessariamente comprometida. Logo, o potencial que as emoções e os sentimentos despertam no indivíduo que recebe a comunicação da empresa, se for diferente do contexto da realidade, é suficiente para empalidecer a competência do que foi comunicado.

A possibilidade de o indivíduo sentir-se aviltado diante de ameaças ou distorções, e de sua não equivalência com o que é veiculado formalmente pela empresa, desencadearia emoções, como raiva, ódio ou tristeza, que levariam também ao comprometimento da sua capacidade de decisão.

Mesmo como acreditam alguns gestores, que a instabilidade e a pressão são eficientes para fortalecer o exercício do poder sobre o colaborador, a emoção, se negativa, acaba levando ao comprometimento da percepção e da tomada de decisão deste, colocando em risco a credibilidade e a manutenção da saúde financeira da empresa.

Um modelo de inoperância da razão diante da emoção foi registrado na reportagem veiculada pela revista *Veja* (Escostegrey; Cabral, 2007, p. 81) na semana seguinte ao desastre do avião da TAM, em 2007, quando o funcionário da Infraero, João Braz Pereira, supervisor do aeroporto de Congonhas, e outros três funcionários da empresa, em cima dos escombros, no momento da remoção dos corpos, foram fotografados rindo abertamente.

O cenário, segundo a revista, era capaz de despertar sentimentos variados, mas nunca de alegria, como apresentado no trecho a seguir:

> Naquele instante, as chamas estavam praticamente extintas e começava a etapa mais dramática de toda a tragédia – o resgate dos corpos das vítimas. O grupo estava aproximadamente 100 metros do local onde o Airbus explodiu depois de se chocar com o prédio da TAM. Um dos funcionários da Infraero, João Braz Pereira, supervisor do aeroporto, tinha uma visão privilegiada da tragédia. Do lugar em que estava, do alto, era possível enxergar com clareza um cenário capaz de despertar sentimentos variados, como tristeza, dor, revolta e consternação. Mas ele e os outros funcionários da Infraero estavam rindo. Apontavam para o lugar da tragédia, faziam algum comentário e riam. Riram durante quase cinco minutos, até perceber que estavam sendo fotografados. (Escostegrey; Cabral, 2007, p. 81)

No entanto, a possibilidade de ver a empresa para a qual trabalha apresentada pela mídia como culpada pelo acidente, além do horror da cena, seguramente interferiu no resultado da ação pública manifestada pelo indivíduo. No mesmo artigo, a revista relata um outro episódio, no qual a emoção impediu que o assessor especial da presidência, Marco Aurélio Garcia, e seu auxiliar se mantivessem discretos ao saber da notícia que apontava uma possível falha no avião da TAM como a provável causa do acidente. Os dois homens ficaram alegres e se manifestaram por meio de gestos obscenos o que acabou sendo flagrado.

> No 3º andar do Palácio do Planalto, o assessor especial da presidência, Marco Aurélio Garcia, e seu auxiliar, Bruno Gaspar, foram flagrados assistindo e comemorando uma notícia do Jornal Nacional, da Rede Globo, que apontava uma possível falha mecânica no avião da TAM como provável causa do acidente – o que, só na fantasia deles, livraria o governo de qualquer responsabilidade. Felizes e sem saber que havia uma câmera apontada para eles, Marco Aurélio e o auxiliar extravasaram sua satisfação com gestos obscenos. Informado do flagra, o assessor do presidente, inicialmente, negou a comemoração, mas, confrontado com as imagens, disse que os gestos eram uma reação privada captada de maneira clandestina pela televisão. (ESCOSTEGREY; CABRAL, 2007, p. 81)

Ao tomar uma decisão sob pressão, o organismo elabora de forma restrita o processo de simulação das possibilidades das ações imediatas e pode acabar negligenciando considerações importantes, como nos casos citados anteriormente.

Outro exemplo de como a razão e a decisão ficaram empalidecidas sob pressão aconteceu quando a rede de eletrodomésticos

Arapuã, em 1998, com mais de 2.600 funcionários, pediu concordata. Com uma história de relevantes trabalhos na área da comunicação corporativa, a Arapuã viu-se, de uma hora para outra, cercada por comentários que punham em dúvida a retidão da empresa e de seus dirigentes. Subitamente a organização, com um histórico de credibilidade e ética nos negócios, silenciou a comunicação com o público e passou a se comunicar por meio de seu advogado. Anos mais tarde, em 2003, em entrevista informal com um ex-executivo da empresa, veio à tona o motivo que levou a organização a se calar naquele momento importante:

> A Arapuã ficou em estado de choque. A velocidade com que aconteciam os fatos deixou todo mundo muito assustado, sabíamos que estávamos perdendo a empresa. Nesse momento, o advogado tomou para si a função de porta-voz da organização e nós sem saber exatamente o porquê, assumimos o silêncio. (Entrevista realizada em 12 de março de 2003)

A opção pelo silêncio, anormal para a empresa até então, foi considerada pela mídia como descaso com o público e comprometimento com o que estava sendo julgado. Porém, nesse depoimento, fica claro que a condição emocional da cúpula da empresa, naquele momento, era de tal ordem que todos tiveram suas ações reduzidas e a capacidade de decisão prejudicada pelas emoções negativas.

As corporações não consideram, via de regra, a eventualidade das emoções contrariarem qualquer prognóstico com uma decisão inesperada e não adequada aos interesses do momento. Mas, o conhecimento de que, sob determinadas circunstâncias, as emoções interferem ativamente no raciocínio e no processo de decisão, faz necessária a avaliação dos paradoxos originados da comunicação corporativa. Em situações nas quais a comunicação formal é destoante da realidade, presume-se que todo empenho comunicativo trabalha em sentido contrário ao que é esperado, causando interferência negativa no meio ambiente e no desempenho dos funcionários.

Deixar de estender os conhecimentos da neurociência à comunicação formal e informal das organizações e, consequentemente, às possíveis interferências dos paradoxos sobre o que é comunicado, é abrir mão de considerações que podem fazer diferença na motivação e no desempenho dos funcionários e na lucratividade

Considerações finais

Embora a comunicação corporativa não possa ser pautada pela preocupação com a percepção do empregado isolado do grupo ao qual está inserido, a mera possibilidade de comprometimento da saúde, da capacidade de decisão e da motivação, como resultado do impacto das distorções entre o que é comunicado formalmente pela empresa e a comunicação informal, faz sentido.

O efeito das emoções positivas ou negativas nos funcionários pode ser previsto se olhado pelo viés da neurociência, e é suficiente para que se revejam, com urgência, os processos e objetivos no planejamento e na construção da comunicação formal das empresas.

Os exemplos citados neste livro revelam as incongruências e inverdades que se escondem por trás dos artifícios da comunicação empresarial e da mídia especializada. Estas foram planejadas para atender aos seus próprios interesses e distanciam-se da preocupação com a possibilidade de gerar emoções e sentimentos que possam, de alguma forma, comprometer negativamente o desempenho do funcionário no trabalho.

Levar pessoas a se sentirem estimuladas para cumprir as metas organizacionais, nem sempre compatíveis com as possibilidades humanas, requer, do ponto de vista comunicacional, um esforço hercúleo. E, nesse processo, o que se vê é o exagero estético que leva ao distanciamento do que seria a função primordial da comunicação nas organizações: transmitir a informação verdadeira, estimular e aproximar os funcionários.

Por fim, as mudanças impostas pela globalização alteraram as formas do poder para que este colaborasse com as estratégias globais de negócios. Isso obrigou que se deformassem, no limite, as características e imagens do que se espera dos presidentes e executivos, levando a aproximá-los de criaturas imaginárias com qualidades e poderes muito acima dos mortais. A criação de modelos de perfeição, como exemplos vivos de superação, mesmo que produzidos de forma inconsciente, só levam a longo prazo a um único beneficiário: a empresa.

A comunicação corporativa preocupa-se, cada vez mais, com questões que supõem o esquecimento do objeto que a fundamenta. A ideia difundida por alguns de que "Comunicação é guerra" propõe que o planejamento estratégico das ações de comunicação corporativa devem ter precisão militar.

O alvo dessas ações se baseia na necessidade de as empresas aumentarem seus índices de produtividade sem considerar os necessários esforços individuais. Porém, o pleno esforço tem revelado uma dura realidade. A pesquisa realizada pela psicóloga Betânia Tanure (SEGALLA, 2007), entre 263 presidentes, vice-presidentes e diretores de grandes empresas e outros 965 altos executivos traz, entre outros resultados, que 84% dos executivos se dizem infelizes e 54% estão insatisfeitos com o tempo dedicado à vida pessoal. A causa da infelicidade desses executivos não deve estar concentrada apenas no acúmulo de trabalho, uma vez que, em detrimento do pouco tempo disponível para a vida pessoal, devem-se considerar, também, os ganhos. Logo, algumas questões se abrem à reflexão: não estarão esses executivos consumidos pelos paradoxos da comunicação? A crença de que o esforço é acompanhado pelo sucesso, de que o poder torna os funcionários seres especiais, de que a admiração das pessoas é um processo isento de interferências, quando confrontada com a realidade, pode desestabilizar o funcionário?

Conforme enfatizado neste livro, o dia a dia nas empresas contrapõe-se, na maioria das vezes, às informações das revistas especializadas e ao que, desde o processo de recrutamento, é apresentado pela comunicação formal como a verdade da organização.

Longe do cenário idílico, o cotidiano das interações nas empresas não é, do ponto de vista da comunicação interpessoal, um processo fácil, pois interferências surgem como convidados inesperados, em situações onde nem sempre estão presentes o controle e o equilíbrio. Da mesma forma, a comunicação formal como é entendida nas empresas não tem como meta primeira o bem-estar dos funcionários e, depois, o aumento da lucratividade. Dessa forma, é preciso questionar se o mal-estar e a infelicidade registrados em pesquisas não são também frutos do permanente estado de ambiguidade a que se expõem e se sujeitam os empregados.

Se o organismo, como analisado neste livro, busca a homeostasia (estabilidade e equilíbrio), é certo que as incertezas e desconfianças nascidas dos paradoxos das comunicações formal e informal são suficientes para levar ao estresse, a tristeza e doenças.

A comunicação corporativa como é planejada e implantada, pelo menos até o momento, considera o empregado, cada vez mais, um acessório para as produções em grande estilo, além disso, facilita a exclusão dos que, porventura, não colaborem para manter os planos desenvolvidos para a coletividade.

Dessa forma, a busca pela coerência na prática da comunicação organizacional, formal e informal, do ponto de vista humano é inadiável. Porém, exige o uso da coragem para reduzir o papel das tecnologias na produção da comunicação com caráter puramente estético, a revisão das considerações sobre a competência dos colaboradores para detectar os paradoxos, cujas ações e reações não são simplesmente modeladas por uma comunicação corporativa com pinceladas heroicas.

A compreensão da complexidade humana no trabalho deve, nesse contexto, incluir também a preocupação com a capacidade de percepção dos funcionários de que a comunicação é manipulada para que a empresa atinja seus propósitos. O que leva indubitavelmente à revisão das formas de comando e de gestão que, na maioria das vezes, são destoantes das ações de comunicação.

Nesse processo, a exaltação exagerada às competências supra-humanas durante os treinamentos motivacionais e eventos hiperdimensionados, além do descontrole na superprodução estética, aplicados nas mídias formais da empresa, com a finalidade de obscurecer a realidade, devem ser reavaliados.

Não se trata de banir o que se sabe competente para o convencimento, mas de aproximá-lo do razoável, considerando que o empregado não é desprovido de lógica e de percepção. Nesse sentido, torna-se necessário não apenas o bom-senso, mas a real preocupação com a legitimidade das ações da comunicação formal e da disponibilidade de cada um dos que pertencem ao corpo da empresa para buscar a proximidade entre a realidade e aquilo que é publicado pela empresa.

Não resta dúvida de que o alinhamento da comunicação corporativa com a realidade da organização é um caminho mais humano e seguro para o aumento do desempenho. Mas, para realizá-lo, é necessário um esforço na direção inversa ao que é feito hoje. É preciso que se ensine, desde os bancos da universidade, que a verdade pode ser maquilada mas nunca adulterada.

Glossário

5S – "O Programa 5S tem sua origem nas iniciais das palavras japonesas *seiri, seiton, seiso, seiketsu, shitsuke*. Em português são conhecidos como os sensos de utilização, organização, limpeza, saúde e autodisciplina. O 5S é um sistema organizador, mobilizador e transformador de pessoas e organizações. O objetivo específico é melhorar as condições de trabalho e criar o ambiente de qualidade com um espaço de trabalho limpo e bem organizado e é prévio a qualquer outra inovação que objetive melhorar as condições de trabalho e a qualidade dos produtos e serviços, envolvendo o quotidiano de toda organização". (*Scientific Electronic Library Online*)

Balanced Scorecard – "Esclarecer e traduzir a visão e a estratégia: o processo de *scorecard* tem início com um trabalho de equipe da alta administração para traduzir a estratégia de sua unidade de negócios em objetivos estratégicos específicos. [...] Para cada objetivo devem ser identificadas as medidas ou indicadores de desempenho, a fim de que seja simples e rápida a mensuração de desempenho nos diversos níveis e que a análise da performance da organização seja menos subjetiva." (Rocha, 2007)

Biopoder – "É a forma de poder que regula a vida social por dentro, acompanhando-a, interpretando-a, absorvendo-a e a rearticulando. O poder só pode adquirir comando efetivo sobre a vida total da população quando se torna função integral, vital, que todos os indivíduos abraçam e reativam por sua própria vontade. Como disse Foucault, 'a vida agora se tornou objeto do poder'. A função mais elevada desse poder é envolver a vida totalmente, e sua tarefa primordial é administrá-la. O biopoder, se refere [sic] a uma situação na qual o que está diretamente em jogo no poder é a produção e a reprodução da própria vida". (NEGRI; HARDT, 2001, p. 43)

Cirurgias-guiadas – "Cirurgia-guiada, consiste na utilização de sistemas de navegação, como o GPS, que ajudam a 'viajar' pelo cérebro". (*Ciência Hoje*, 2007)

Doppler Transcraniano – "Método baseado no sistema de Doppler de emissão pulsada de ondas de baixa frequência, capazes de atravessar o crânio íntegro. Trata-se de um exame não invasivo e indolor ao paciente. O objetivo do exame é avaliar a circulação sanguínea dos principais vasos intracranianos". (*Albert Einstein Medicina Diagnóstica*)

Eletroencefalograma (EEG) – "Exame que analisa a atividade elétrica cerebral espontânea, captada através da utilização de eletrodos colocados sobre o couro cabeludo. Como a atividade elétrica espontânea está presente desde o nascimento, o EEG pode ser útil em todas as idades, desde recém-nascidos até pacientes idosos". (*Albert Einstein Medicina Diagnóstica*)

Eletroneuromiografia – "Método de estudo neurofisiológico usado no diagnóstico e prognóstico das lesões do sistema nervoso periférico". (*Albert Einstein Medicina Diagnóstica*)

Extreme jobs – "O termo refere-se às atividades que exigem dedicação 24 horas por dia dos profissionais mais graduados, responsabilidade por perdas e ganhos, prestação de contas a diversas pessoas (acionistas e, muitas vezes, chefes em outros países) e capacidade para enfrentar situações de grande tensão sem jamais denunciar nenhum tipo de franqueza." (SEGALLA, 2007, p. 50)

Homeostasia – "Homeostasia associa-se às reações fisiológicas coordenadas e em grande medida automáticas que são necessárias para manter estáveis os estados internos de um organismo vivo. Define-se homeostasia como regulação automática da temperatura, da concentração de oxigênio ou do pH do nosso corpo [...] Curiosamente, as emoções são parte integrante da regulação que chamamos de homeostasia". (DAMÁSIO, 2000)

Jidoka – "A filosofia é a de fornecer às máquinas e aos operadores a habilidade de detectar quando uma condição anormal ocorreu e interromper imediatamente o trabalho. Isso possibilita que as operações construam a qualidade do produto em cada etapa do processo e separa os homens das máquinas para um trabalho mais eficiente. O *Jidoka* é um dos dois pilares do Sistema de Produção Toyota. (InfoEscola)

Just-in-time – "É um sistema de produção em que o *produto* ou matéria-prima chega ao local necessário, para seu uso ou venda, sob demanda, no momento exato em que for necessário. Este sistema tende a reduzir os *custos operacionais*, já que diminui a necessidade da mobilização e manutenção de espaço físico, principalmente na *estocagem* de matéria-prima ou de mercadoria a ser vendida". (*ESaber*)

Kaizen – "Kaizen é uma palavra de origem *japonesa* com o significado de melhoria contínua, gradual, na vida em geral (pessoal, familiar, social e no trabalho). Nos anos 50, os japoneses criaram [...] o conceito de Kaizen, que significa aprimoramento contínuo. Essa prática (exprimindo uma forte *filosofia* de vida oriental e sendo, por sua vez também, uma filosofia, uma cultura [sic]) visa o bem não somente da empresa como do homem que trabalha nela. [...] Parte do princípio de que o tempo é o melhor indicador isolado de competitividade, atua de forma ampla para reconhecer e eliminar os desperdícios existentes na empresa, sejam em processos produtivos já existentes ou em fase de projeto, produtos novos, manutenção de máquinas ou, ainda, processos administrativos. [...] Para o Kaizen, é sempre possível fazer melhor". (*Linguateca*)

Monitorização Contínua com Eletroencefalograma (EEG) – "Exame que analisa a atividade elétrica cerebral espontânea através do registro contínuo do eletroencefalograma. Esse exame é realizado em pacientes internados, principalmente, aqueles internados nas unidades de terapia intensiva ou semi-intensiva. O objetivo principal do exame é registrar, de forma contínua, a atividade elétrica cerebral e detectar prontamente anormalidades dessa atividade". (*Albert Einstein Medicina Diagnóstica*)

NR 17 – "Esta Norma Regulamentadora visa a estabelecer parâmetros que permitam a adaptação das condições de trabalho às características psicofisiológicas dos trabalhadores, de modo a proporcionar um máximo de conforto, segurança e desempenho eficiente. 17.1.1. As condições de trabalho incluem aspectos relacionados ao levantamento, transporte e descarga de materiais, ao mobiliário, aos equipamentos e às condições ambientais do posto de trabalho, e à própria organização do trabalho. 17.1.2. Para avaliar a adaptação das condições de trabalho às características psicofisiológicas dos trabalhadores, cabe ao empregador realizar a análise ergonômica do trabalho, devendo a mesma abordar, no mínimo, as condições de trabalho, conforme estabelecido nesta Norma Regulamentadora". (Ministério do Trabalho e Emprego)

O Homem Virtual – Projeto inédito no mundo, O Homem Virtual é produzido por módulos, de acordo com o tema abordado, seus objetivos e público-alvo. Cada módulo é distribuído em CD-ROM (configuração mínima: Pentium II 500MHz, 64 Mb de memória RAM, CD-ROM 32X), dividido em títulos colocados em um CD-ROM e auxiliam médicos e estudantes a compreender melhor o funcionamento do corpo humano, a ação de alguns vírus, entre outros. O processo engloba: design digital, orientação estratégica da comunicação dinâmica e o conhecimento de médicos especialistas. Até o momento a série contém oito CDs. Entre os temas abordados estão: a anatomia dos órgãos geniturinários masculinos, a marcha humana e como ela é afetada por amputações e um que mostra detalhadamente como ocorre o ciclo do nascimento e morte do pelo. Estão em produção títulos sobre a anatomia do olho, asma e hidratação da pele". (COSCARELLI, 2007)

Poligrafia Neonatal (PN) – "Exame realizado em recém-nascidos (RN), prematuros ou de termo, que avalia os aspectos comportamentais, permitindo a avaliação simultânea do eletroencefalograma e do eletrocardiograma, dos padrões respiratórios, abdominais e dos movimentos oculares. O objetivo desse exame é fazer o diagnóstico de patologias de origens cerebrais e não cerebrais, cardíacas ou respiratórias". (*Albert Einstein Medicina Diagnóstica*)

Polissonograma (PSG) – "O objetivo do exame é localizar a lesão no sistema nervoso periférico, prover informações sobre a fisiopatologia das lesões, avaliar o grau de comprometimento e o curso temporal da lesão". (*Albert Einstein Medicina Diagnóstica*)

Potenciais Evocados (PE) – "Os PE são respostas eletrofisiológicas evocadas do sistema nervoso através de vários estímulos. Tem como finalidade básica explicar a funcionalidade de determinadas vias do sistema nervoso. Os PE mais utilizados são: Potencial Evocado Somatossensorial de Curta-latência (PESS), Potencial Evocado Auditivo de Curta-latência (PEA-TC) e Audiometria de Tronco Cerebral (BERA)". (*Albert Einstein Medicina Diagnóstica*)

Ressonância Magnética Intraoperativa – "Ressonância magnética intraoperativa, permite ver imagens em tempo real do local do cérebro onde está alojado o tumor ou a lesão cerebral". (*Ciência Hoje*, 2007)

Seis Sigma – "Seis Sigma é um nível otimizado de performance que se aproxima a zero defeito em um processo de confecção de um produto, serviço ou transação. Quanto mais alto for o sigma do processo, menor será a quantidade de erros". (*Wikipédia*)

Sistema intraoperatório – "Sistema intraoperatório, permite ver imagens do local e operar em tempo real, este procedimento assegura que o cérebro não seja afetado". (*Ciência Hoje*, 2007)

Teste das Latências Múltiplas de Sono (TLMS) – "Registro simultâneo de algumas variáveis fisiológicas como por exemplo: eletroencefalograma (EEG), eletro-oculograma (EOG), eletromiograma (EMG). O exame visa avaliar objetivamente a intensidade de sonolência diurna e detectar a presença de sono REM (sono ativo, rápido) precoce em pelo menos 2 registros, necessários para o diagnóstico de narcolepsia". (*Albert Einstein Medicina Diagnóstica*)

TPM ou *Total Productive Maintence* – "O objetivo global do TPM é a melhoria da estrutura da empresa em termos materiais (máquinas, equipamentos, ferramentas, matéria-prima, produtos etc.) e em termos humanos (aprimoramento das capacitações pessoais envolvendo conhecimento, habilidades e atitudes). A meta a ser alcançada é o rendimento operacional global". (Sampaio)

Vídeo Eletroencefalograma (Video-EEG) – "Exame que analisa a atividade elétrica cerebral espontânea através do registro contínuo do eletroencefalograma associado e sincronizado ao registro de vídeo". (*Albert Einstein Medicina Diagnóstica*)

Referências bibliográficas

ALBERT Einstein Medicina Diagnóstica. Disponível em: <https://www.einstein.br/especialidades/neurologia/>. Acesso em: 24 mar. 2023. Disponível em: <https://www.einstein.br/exames/info/#!1204>. Acesso em: 24 mar. 2023.

_____. Disponível em: <https://www.einstein.br/exames/info/#!2018>. Acesso em: 18 abr. 2023.

ALPINISTAS de Carreira. *IstoÉ Dinheiro*. Disponível em: <http://www.terra.com.br/istoedinheiro>. Acesso em: 29 ago. 2005.

MARTÍN-BARBERO, Jesús. *Dos meios às mediações: comunicação, cultura e hegemonia*. Rio de Janeiro: UFRJ, 1997.

BAUDRILLARD, Jean. *Simulacros e simulações*. Lisboa: Relógio d'Água, 1991.

BAUMAN, Zygmunt. *Modernidade e ambivalência*. Rio de Janeiro: Jorge Zahar, 1999.

_____. *O mal-estar da pós-modernidade*. Rio de Janeiro: Jorge Zahar, 1997.

BERTHOZ, Alain. *La décision*. Paris: Odile Jacob, 2003.

BOURDIEU, Pierre. *O poder simbólico*. Rio de Janeiro: Bertrand, 2002.

BRASIL. *Ministério do Trabalho e Emprego*. Disponível em: <http://www.mte.gov.br/legislacao/normas_regulamentadoras/

default.asp>. Acesso em: 10 jul. 2007.

CHINESA seleciona executivo para Brasil em *reality show*. *Canal Executivo*. Disponível em <http://www2.uol.com.br/canalexecutivo/notas05/030820051.htm>. Acesso em: 2 set. 2005.

CORRÊA, Tupã Gomes. (Org.). *Comunicação para o mercado*. São Paulo: Edicom, 1995.

COSCARELLI, Crislaine. Tecnologia auxilia no estudo da medicina. *Universia*. Disponível em: <http://www.universia.com.br/html/materia/materia_edhe.html>. Acesso em: 05 jul. 2007.

CRESCE PROCURA POR LEGACY APÓS ACIDENTE QUE DERRUBOU BOEING. *Folha Online*. Disponível em: <https://www1.folha.uol.com.br/fsp/cotidian/ff0510200617.htm>. Acesso em: 11 out. 2006.

CRUZ, Christian C.; RAMIRO, Denise; CUNHA, Lilian. Surpresas no Pão de Açúcar. *IstoÉ Dinheiro*, n. 415. Disponível em: <http://www.istoedinheiro.com.br/noticias/4671_SURPRESA+NO+PAO+DE+ACUCAR>. Acesso em: 22 ago. de 2005.

CURSO Básico de Kanban e *Just-in-Time*. Disponível em: <http://www.esaber.com.br/descrição.asp?codigo=181>. Acesso em: 16 maio 2007.

DAMÁSIO, Antonio R. *Em busca de Espinosa*: prazer e dor na ciência dos sentimentos. São Paulo: Companhia das Letras, 2004.

_____. *Mistérios da consciência*. São Paulo: Companhia das Letras, 2000.

_____. *O erro de Descartes*: emoção, razão e cérebro humano. São Paulo: Companhia das Letras, 1996.

DEBORD, Guy. *A sociedade do espetáculo*: comentários sobre a sociedade do espetáculo. 3.ed. Rio de Janeiro: Contraponto, 2002.

DIEGUES, Consuelo. Sepultados no fundo do mar. *Veja on-line*, n. 693, 28 mar. 2001. Disponível em: <http://veja.abril.com.br/280301/sumario.html>. Acesso em: 25 ago. 2007.

DNA de marca. *Você S/A*. Disponível em: <http://www2.uol.com.br/vocesa/aber.shl>. Acesso em: 2 set. 2005.

ESCOSTEGREY, Diego; CABRAL, Otávio. Autoridades são outras catástrofes. *Veja*, São Paulo. Edição 2018, 25 de jul. 2007. Disponível em <http://veja.abril.com.br/250707/p_080.shtml>.

FLEURY, Maria Tereza Leme. *Cultura e poder nas organizações*. 2.ed. São Paulo: Atlas, 1996.

FOUCAULT, Michael. *Microfísica do poder*. 19.ed. São Paulo: Graal, 2004.

GASPAR, Malu. Eles pensam que são heróis. *Exame*, São Paulo, n. 5, p. 29-30, 158, 160-1, mar. 2007.

GREINER, Christine. Corpo e paisagem. In: _____; BIÃO, Armindo. (Orgs.). *Etnocenologia*: textos selecionados. São Paulo: Annablume, 1998.

_____. *O corpo*: pistas para estudos indisciplinares. São Paulo: Annablume, 2005.

KAËS, René. *A instituição e as instituições*: estudos psicanalíticos. São Paulo: Casa do Psicólogo, 1991.

KAIZEN.Linguateca.pt.Disponívelem:<https://www.linguateca.pt/GikiCLEF/GIRA/pool/GikiCLEF2009DocumentPool/pt/k/a/i/Kaizen.xml>. Acesso em: 10 mar. 2023.

KOFMAN, Fred. *Metamanagement*. O sucesso além do sucesso, a nova consciência nos negócios. Rio de Janeiro: Campus, 2004.

MARI, Juliana de. Entenda a tabela. *Exame/Você*, São Paulo, n. 5, p. 30, 2006.

MARIO, Cristiane. De *trainee* a presidente em 15 anos. *Exame*, São Paulo, n. 9, p. 62, maio 2007.

MATTHEWS, Eric. *Mente, conceitos-chave em filosofia*. Porto Alegre: Sulinas, 2007.

MÜLLER, Lutz. *O herói: todos nascemos para ser heróis*. São Paulo: Cultrix. 1987, p. 8.

NEGRÃO, Eduardo. Comunicação é guerra. *Revista Gestão e Negócios*, São Paulo, n. 16, p. 19, jun. 2007.

NEGRI, Antonio; HARDT, Michael. *Império*. Rio de Janeiro: Record, 2001.

NOVAS tecnologias permitem operar mais 20 por cento de tumores cerebrais. *Ciência Hoje*, 11 maio 2007. Disponível em: <http://www.cienciahoje.pt/index.php?oid=21685&op=all>. Acesso em: 5-6 jul. 2007.

O *KNOW-HOW* faz a diferença. *Época Negócios*, São Paulo, n. 1, p. 175-84, mar. 2007.

PINKER, Steven. *Tábula rasa*: a negação contemporânea da natureza humana. São Paulo: Companhia das Letras, 2004.

QUALIDADE TOTAL. InfoEscola. Disponível em: <https://www.infoescola.com/administracao_/vocabulos-japoneses-em-manufatura-lean/#:~:text=Fornecer%20%C3%A0s%20m%C3%A1quinas%20e%20aos,para%20um%20trabalho%20mais%20eficiente>. Acesso em: 10 mar. 2023.

RAMACHANDRAN, V. S. *Fantasmas no cérebro*: uma investigação dos mistérios da mente humana. São Paulo: Record, 2002.

RECRUTAMENTO inusitado. *Exame*, São Paulo. n. 18, p. 78-9, set. 2005.

RENAULT. Disponível em: <http://www.renault.com/renault_com/en/main/30_DEVELOPPEMENT_DURABLE/30_Politiques/index.aspx>. Acesso em: 15 abr. 2007.

Revista Carro. Disponível em: <http://www.monzaclube.com/revistacarro/abril06_MC.shtml>. Acesso em: 6 abr. 2008.

ROCHA, Joseilton Silveira da. Utilizando o *Balanced Scorecard* para gerenciar pequenas e médias empresas. Disponível em: <http://www.contabeis.ufba.br>. Acesso em: 17 abr. 2007.

SAMPAIO, Adrian. TPM/MPT Manutenção Produtiva Total. Disponível em: <http://internal.dstm.com.ar/sites/mmnew/bib/notas/TPMtotal.pdf>. Acesso em: 1º abr. 2006.

SCIENTIFIC Electronic Library Online. Disponível em: <http://www.scielo.br/scielo.php?script=sci_arttext&pid=S0100-19651999000300011&lng=pt&nrm=isso>. Acesso em: 1º abr. 2006.

SEGALLA, Amauri. A angústia da vida executiva. *Época Negócios*, São Paulo, n. 3, p. 50-7, maio 2007. Disponível em: <http://epocanegocios.globo.com/Revista/Epocanegocios/0,EDG77246-8374-3,00.html>. Acesso em jul. 2007.

SEIS Sigma. *Wikipédia*. Disponível em: <http://pt.wikipedia.org/wiki/Seis_Sigma>. Acesso em: 1º abr. 2006.

SENNETT, Richard. *A corrosão do caráter*: consequências pessoais do trabalho no novo capitalismo. Rio de Janeiro: Record, 2005.

SODRÉ, Muniz. *Antropologia do espelho*. Uma teoria da comunicação linear e em rede. São Paulo: Vozes, 2002.

TANURE, Betania; CARVALHO NETO, Antonio; ANDRADE, Juliana. *Executivos*: sucesso e (in)felicidade. São Paulo: Elsevier, 2007.

THOMPSON, John B. *A mídia e a modernidade*: uma teoria social da mídia. Petrópolis: Vozes, 1998.

TORQUATO, Francisco Gaudêncio. *Comunicação Empresarial/comunicação institucional*: conceitos, estratégias, sistemas, estrutura, planejamento e técnicas. São Paulo: Summus, 1986.

TRIVINHO, Eugênio. Velocidade e violência: democracia como regime transpolítico da cibercultura. In: PORTO, Sérgio Dayrell (Org.). *A incompreensão das diferenças*: 11 de setembro em Nova York. Brasília: IESB, 2002.

UNIVERSIDADE Federal de Santa Catarina. *Departamento de Engenharia de Produção e Sistemas*. Disponível em: <http://www.eps.ufsc.br/disserta/vlad/capit_2/cp2a_vla.htm>. Acesso em: 1º abr. 2006.

WATZLAWICK, Paul. *Pragmática da comunicação humana*: um estudo dos padrões, patologias e paradoxos da interação. São Paulo: Cultrix, 1967.

Bibliografia

150 melhores empresas para você trabalhar, *Exame/Você*, São Paulo, n. 18, p. 78-9, 2006. Edição especial.

150 Melhores empresas para você trabalhar. *Exame*. Disponível em: <http://portalexame.abril.com.br/servicos/melhoresempresas paratrabalhar/m0099800.html>. Acesso em: 12 out. 2006.

AMCHAM Brasil. Câmara Americana de Comércio de São Paulo. Disponível em: <http://www.amcham.com.br>. Acesso em: 18 ago. 2005.

BAITELLO JR., Norval. *O animal que parou os relógios*. São Paulo: Annablume, 1999.

BANCO HSBC. Disponível em: <http://www.hsbc.com.br/1/2/portal/pt/sobre-o-hsbc>. Acesso em: 18 ago. 2005.

BARTOLI, Jean. *Ser executivo*: um ideal? uma religião? São Paulo: Ideias Letras, 2005.

BAUMAN, Zygmunt. *O mal-estar da pós-modernidade*. Rio de Janeiro: Jorge Zahar, 1999.

_____. *Modernidade líquida*. Rio de Janeiro: Jorge Zahar, 2001.

_____. *Comunidade*: a busca por segurança no mundo atual. Rio de Janeiro: Jorge Zahar, 2003.

BRETON, Philippe. *A manipulação da palavra*. São Paulo: Loyola, 1999.

CALVIN, William H. *Como o cérebro pensa*: a evolução da inteligência, ontem e hoje. Rio de Janeiro: Rocco, 1998.

CAPRA, Fritjof. *A teia da vida*. 4.ed. São Paulo: Cultrix, 1999.

CASTORIADIS, Cornelius. *A instituição imaginária da sociedade*. 6.ed. São Paulo: Paz e Terra, 2007.

DEL NERO, Henrique Schützer. *O sítio da mente*: pensamento, emoção e vontade no cérebro humano. São Paulo: Collegium Cognitio, 1997.

DENCKER, Ada F. M.; VIÁ, Sarah Chucid da. *Pesquisa empírica em ciências humanas* (com ênfase em comunicação). São Paulo: Futura, 2001.

DENNETT, Daniel C. *Tipos de mentes*: rumo a uma compreensão da consciência. Rio de Janeiro: Rocco, 1997.

DREIFUSS, René Armand. *A época das perplexidades*. Mundialização, globalização e planetarização: novos desafios. 4.ed. São Paulo: Vozes, 2001.

ENRIQUEZ, Eugéne. *Da hora ao estado*: psicanálise do vínculo social. Rio de Janeiro: Jorge Zahar, 1990.

FORTES, Waldyr Gutierrez. *Relações públicas*: processo, funções e estratégias. 2.ed. São Paulo: Summus, 2003.

FOUCAULT, Michael.*Vigiar e punir*. São Paulo: Vozes, 2000.

FREITAS, Giovanina Gomes de. *O esquema corporal, a imagem corporal, a consciência corporal*. Rio Grande do Sul: Unijuí, 1999.

FREUD, Sigmund. *O mal-estar na civilização*. Rio de Janeiro: Imago, 1997.

GIDDENS, Anthony. *Modernidade e identidade*. São Paulo: Zahar, 2002.

_____. *Mundo em descontrole*: o que a globalização está fazendo de nós. Rio de Janeiro: Record, 2000.

GIL, Antonio Carlos; *Método e técnicas de pesquisa social*. 5.ed. São Paulo: Atlas, 1999.

GIRARD, René. *A violência e o sagrado*. São Paulo: Paz e Terra, 1998.

GREINER, Christine.; AMORIM, Claudia. *Leituras do corpo*. São Paulo: Annablume, 2003.

HABERMAS, Jürgen. *Consciência moral e agir comunicativo*. 2.ed. Rio de Janeiro: Tempo Brasileiro, 1989.

JACKS, Nilda; ESCOSTEGUY, Ana Carolina. *Comunicação e recepção*. São Paulo: Hacker, 2005.

JAMESON, Frederic. *Pós-moderno*: a lógica cultural do capitalismo tardio. 2.ed. São Paulo: Ática, 2002.

JOHNSON, Richard. *O que é, afinal, estudos culturais?* Belo Horizonte: Autêntica, 2004.

KUMAR, Krishan. *Da sociedade pós-industrial à pós-moderna*: novas teorias sobre o mundo contemporâneo. Rio de Janeiro: Jorge Zahar, 1997.

LIMA, Luiz Costa. *Mímesi*: desafio ao pensamento. Rio de Janeiro: Civilização Brasileira, 2000.

LÓPEZ-PEDRAZA, Rafael. *Ansiedade cultural*. São Paulo: Paulus, 1997.

LUHMANN, Niklas. *A realidade dos meios de comunicação*. São Paulo: Paulus, 2005.

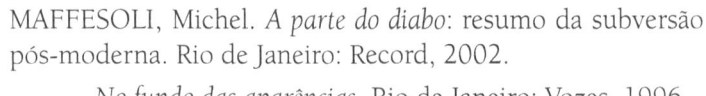

MAFFESOLI, Michel. *A parte do diabo*: resumo da subversão pós-moderna. Rio de Janeiro: Record, 2002.

_____. *No fundo das aparências*. Rio de Janeiro: Vozes, 1996.

_____. *O instante eterno*: o retorno do trágico nas sociedades pós-modernas. São Paulo: Zouk, 2003.

MARTÍN-BARBERO, Jesús. *Dos meios às mediações: comunicação, cultura e hegemonia*. Rio de Janeiro: UFRJ, 1997.

MATTAR, Fauze N. *Pesquisa de marketing*: metodologia, planejamento. 5.ed. São Paulo: Atlas, 1999.

MATTELART, Armand; NEVEU, Érik. *Introdução aos estudos culturais*. São Paulo: Parábola, 2004.

MATURAMA, Humberto; VARELA, Francisco J. *De máquinas e seres vivos*: autopoiese: a organização do vivo. Porto Alegre: Artes Médicas, 1997.

MCDANIEL, Carl; GATES, Roger. *Pesquisa de marketing*. São Paulo: Pioneira Thomson Learning, 2003.

MEMBRO fantasma. *Descritores em Ciências da Saúde*. Disponível em: <http://decs.bvs.br/cgi-bin/wxis1660.exe/decsserver/?IsisScript=../cgi-bin/decsserver/decsserver.xis&task=exact_term&previous_page=homepage&interface_language=p&search_language=p&search_exp=Membro-Fantasma&show_tree_number=T>. Acesso em: 7 jul. 2007.

MEZAN, Renato. *Interfaces da psicanálise*. São Paulo: Companhia das Letras, 2002.

MORIN, Edgar. *Ciência com consciência*. 7.ed. Rio de Janeiro: Bertrand Brasil, 2003.

_____. *O método 4*. As Ideias: habitat, vida, costumes, organização. Porto Alegre: Sulina, 1998.

MOSQUETE, José Luis V. Antônio Horta-Osório. A força do destino. *Carácter*, São Paulo, n. 12, p. 32-43, fev. 2007.

MULLER, Lutz. *O herói. Todos nascemos para ser heróis*. São Paulo: Cultrix, 1992.

NASSAR, Paulo; FIGUEIREDO, Rubens. *O que é comunicação empresarial*. São Paulo: Brasiliense, 1995.

PROULX, Serge; BRETON, Philippe. *Sociologia da comunicação*. São Paulo: Loyola, 2002.

ROBBINS, Stephen P. *Comportamento organizacional*. 9.ed. São Paulo: Prentice Hall, 2002.

RODRIGUES, Adriano Duarte. *Comunicação e linguagem*: o não-verbal em questão. Portugal: Cosmos, 1993.

SAMARA, Beatriz Santos; BARROS, José Carlos de. *Pesquisa de marketing*: conceitos e metodologia. 3.ed. São Paulo: Prentice Hall, 2002.

SANTOS, Milton. *Por uma outra globalização*: do pensamento único à consciência universal. 3.ed. Rio de Janeiro: Record, 2000.

SEARLE, John R. *O mistério da consciência*. Rio de Janeiro: Paz e Terra, 1998.

SENNETT, Richard. *Autoridade*. Rio de Janeiro: Record, 2001.

_____. *Respeito*. Rio de Janeiro: Record, 2004.

SEVERINO, Antônio Joaquim. *Metodologia do trabalho científico*. 21.ed. São Paulo: Cortez, 2000.

SFEZ, Lucien. *Crítica da comunicação*. São Paulo: Loyola, 1994.

Telefonia Celular Vivo. Disponível em <http://www.vivo.com.br/portal/home.php>. Acesso em: 18 ago. 2005.

Tim torpedo. Disponível em: <http://www2.timsul.com.br/sms/ cont_oquee.htm>. Acesso em: 16 ago. 2007.

TRIVINHO, Eugênio. *O mal-estar da teoria*: a condição da crítica na sociedade tecnológica atual. Rio de Janeiro: Quartet, 2001.

TRUJILLO, Victor. *Pesquisa de marketing qualitativa & quantitativa*. 2. ed. São Paulo: Scortecci, 2003.

UHLMANN, Günter Wilhelm. *Teoria geral dos sistemas*: do atomismo ao sistemismo (uma abordagem sintética das principais vertentes contemporâneas desta proto-teoria). São Paulo: CISC, 2002.

WEISS, Gail. *Body images*: embodiment as intercorporeality. Nova York: Routledge, 1999.

Lícia Egger-Moellwald

Doutora em Comunicação e Semiótica pela Pontifícia Universidade Católica de São Paulo, mestre em Comunicação e Mercado, master em Tecnologia Educacional, diretora da INTRA Consultoria Empresarial. É professora da Escola de Turismo e Hospitalidade e pós-graduação da Universidade Anhembi Morumbi. Assina a coluna "Etiqueta Corporativa" no site *Emprego Certo* (Portal UOL) e é colaboradora da Rádio Transamérica, no programa 2 *em 1*.